Schafft die Schulpflicht ab!

Raimund Pousset

Schafft die Schulpflicht ab!

Warum unser Schulsystem
Bildung verhindert

Eichborn.

Für Utta

Die Deutsche Bibliothek – CIP-Einheitsaufnahme

Pousset, Raimund:
Schafft die Schulpflicht ab! : warum unser Schulsystem Bildung
verhindert / Raimund Pousset. – Frankfurt am Main : Eichborn, 2000
   ISBN 3-8218-1637-6

© Eichborn AG, Frankfurt am Main, September 2000
Umschlaggestaltung: Moni Port
unter Verwendung eines Fotos von Photodisc
Lektorat: Waltraud Berz
Satz: Fuldaer Verlagsagentur, Fulda
Druck und Bindung: Clausen & Bosse, Leck
ISBN 3-8218-1638-4

Verlagsverzeichnis schickt gern:
Eichborn Verlag AG, Kaiserstraße 66, D-60329 Frankfurt am Main
www.eichborn.de

INHALT

VORWORT

»Schulpflicht« findet Ihr Interesse. Das freut mich. Und wenn die Abschaffung der Schulpflicht Ihren Beifall findet, ist das noch besser, denn dann sind wir schon mal zu zweit! Falls Sie sogar meinen, es wäre gut, seinen Wahlkreisabgeordneten oder einen anderen Politiker – gleich welcher Couleur – von der Notwendigkeit der Abschaffung der Schulpflicht zu überzeugen, wäre vielleicht ein kleiner Brief an die richtige Adresse hilfreich. Ein paar Argumente will Ihnen mein Buch dafür jedenfalls liefern.

»Was,« werden Sie vielleicht aber auch fragen, »veranlasst diesen Menschen überhaupt, so unverschämt zu behaupten, unser Schulsystem verhindere Bildung, und dann auch noch die Abschaffung der bewährten Schulpflicht zu fordern? Geriert sich hier nicht ein libertärer Radikalkapitalist als besorgter Lehrer, ähnlich wie David Friedman, der ja auch die Schulpflicht abschaffen und den Privatknast einführen will?«

Gut, ich will Ihnen antworten! Ich bin ein seit vielen Jahren in fast allen Schularten praktizierender Pädagoge, der sich fast ebenso lange seine eigenen Gedanken über das gemacht hat, was um ihn herum in der Schule geschieht. Deswegen hat mein Blick auch den Blickwinkel von innen, der sich nicht gleich in ein ideologisches Schema pressen lassen möchte. Manche nennen das »subjektiv«, »turbokapitalistisch« oder vielleicht sogar »Nestbeschmutzung«. Ich nenne es »kritische Betroffenheit«. Da, wo Sie vielleicht meinen, es mangele mir an »Objektivität« oder Sie einfach anderer Ansicht sind, lade ich zur digitalen Diskussion[1] ein.

---

[1] über die Verlagsadresse www.eichborn.de

Mein besonderer Dank gilt an dieser Stelle der sympathischen Kooperation mit Waltraud Berz, meiner fachkundigen Lektorin bei Eichborn. Meine Frau Utta Heidler hat mich in der letzten Zeit geduldig, diskutierend und unterstützend begleitet und mein oft nächtelanges Tippen am Computer getragen. Ihr gilt mein herzlichster Dank, den ich mit einem Glas guten Rotweins abstatte – wo, wird hier nicht verraten. Herzlichen Dank auch an Edmund Funke und Bernhard Pröll, die das Manuskript kritisch beäugt haben.

Alles hat einen Anfang. Dieses Buch auch. Dort beginnt man gewöhnlich mit dem Lesen. Dieses Buch aber können Sie auch am Ende im Epilog anfangen zu lesen, dort, wo ich kurz und knapp ein modernes Schulsystem umreiße, das keine Schulpflicht mehr kennt.

PROLOG: »DIE ZEHN FATALEN FOLGEN DER SCHULPFLICHT«

Sie halten kein romantisches Heile-Welt-Buch eines Antipädagogen oder den Rundumschlag eines frustrierten Lehrers in der Hand. Im Gegenteil: ich unterrichte gern! Weder will ich unbedingt die Selektion durch Noten abschaffen, noch die Gesamtschule als Regelschule einführen. Ich glaube nicht daran, dass der Mensch jemals angstfrei lernen oder dass Erziehung nie wehtun darf (weil alle Entwicklung und jede Krise wehtut). Auch Bildungsgutscheine für jedermann[2], wie sie der Nobelpreisträger Milton Friedman schon 1955 erdacht hatte und von Ivan Illich, dem radikalen Schulkritiker[3] dann vehement – gleich zusammen mit der Abschaffung der Schule – gefordert worden waren, sind nicht mein Anliegen. Ebenso liegt es mir fern, wie einige Antipädagogen »Amication«[4] statt Erziehung oder Bildung zu fordern.

Ich möchte bloß die Schulpflicht als zentral verantwortlich für die Immobilität und das Versagen unseres heutigen Schulsystems brandmarken. Schaffen wir die Schulpflicht ab und führen ein freies Schulsystem ein! Dann haben wir viel getan, den Rest macht der Markt.

Wer in diesem unserem umstrittenen Schulsystem überhaupt etwas ändern möchte, sollte sich tunlichst auf das Wesentliche konzentrieren. Wenn wir das nicht tun, erledigen uns die drei monströsen Gorgonen-Schwestern des Schulsystems mit leichter Hand. Der Anglist Dietrich

---

[2] Eine britische Machbarkeitsstudie des Finanzministeriums kommt zu dem Ergebnis, dass die mit solchen Gutscheinen verbundene totale Privatisierung des Schulwesens zu teuer käme und die bisherigen Privatschulen zu bevorzugen seien.

[3] Illich forderte im Übrigen die »Entschulung der Gesellschaft«, so der Titel seines anfangs der Siebziger viel gelesenen Buches

[4] Die sog. Antipädagogen wollen statt Erziehung »Freundschaft« mit Kindern, siehe z.B.: »www.amication.de«

Schwanitz hat sie präzise benannt: die große Verunsicherung, die große Unübersichtlichkeit und die große Beliebigkeit. Konzentrieren wir uns also auf das Wesentliche, die heilige Kuh der Schulpflicht und setzen hier den Hebel zur Veränderung an!

Im philanthropischen Mäntelchen daherkommend hat die Schulpflicht in der Volksbildung Gewaltiges geleistet. Aber ebenso hat sie mittlerweile (und immer mehr) einiges auf dem Kerbholz. So, wenn der Gymnasialschüler Benjamin Kiesewetter in Berlin gegen seine Teilnahmepflicht am Chemieunterricht klagt[5], aber vom Gericht dazu genötigt wird, falls er das Abitur erhalten will. Immerhin handelt es sich bei der Schulpflicht im strafrechtlichen Sinn eigentlich um »Nötigung«! Und deshalb sollten wir diese heilige Kuh schlachten – und ab mit ihr in den Orkus! Keiner wird ihr nachweinen, wenn sie erst einmal weg ist.

In der schulinternen aber auch der öffentlichen Diskussion herrschen beim Streit um die Schulpflicht und unser Schulsystem Block- und Lagerdenken vor. Der konstruktive Dialog zwischen den gesellschaftspolitisch unterschiedlich orientierten Flügeln wie der Lehrergewerkschaft GEW und dem Philologenverband, der sowieso nie wirklich existiert hat, ist in noch weitere Ferne gerückt. In den Lehrerzimmern der Schulen sieht die Frontlinie zwischen den Lehrern ähnlich aus. Wirklich miteinander geredet wird immer noch zu wenig, auch wenn hie und da schüchterne Pflänzchen der Verständigung wachsen. Es scheint wirklich an der Zeit zu sein, wie Annette Schavan[6] meint, »sich aus den alten Debatten und damit verbundenen Rechthabereien zu verabschieden«.

Die Rechten haben längst in der inneren Emigration

---

[5] eine Aktion der Chaos-Knirpse »Kinderrächtszänka«, siehe »www.kraetzae.de«
[6] Kultusministerin in Baden-Württemberg (CDU), stellv. Parteivorsitzende

oder durch eine Kündigung aufgegeben, die Linken wursteln stur nach altideologischen Konzepten rum, die Chancengleichheit des Schülers im Blick, vielleicht aber auch, damit man die eigene Enttäuschung nicht bemerkt. Alt-Linke beschimpfen Ex-Kollegen als Verräter an der gemeinsamen Idee. Wer von uns aus der Studentenbewegung z.B. sagt, dass heute mit bloß libertinären Konzepten nicht mehr weiterzukommen ist, wird von braven Linken ins rechte Lager gestellt. Dort wiederum hören die Rechten kaum zu (schließlich kann man Linken nicht trauen), sondern triumphieren über die weichgekloppten Alt-68er. Zufrieden lehnt man sich zurück: das hat man »ja immer schon gesagt«, dass eine Ohrfeige oder Strafarbeit zur rechten Zeit nichts schaden kann. Gemeinsam ist beiden Seiten allerdings die mehr oder weniger offene Klage über die Schüler, gemeinsam ist der Frust, die Ratlosigkeit, die Wut und die Desillusionierung. Und die Frühpensionäre nehmen in beiden Lagern zu.

Betrachten wir das Schulsystem in all seinen Aspekten und Elementen (wie beispielsweise die Dreigliedrigkeit, den Beamtenstatus der Lehrer oder die Zeugnisse) einfach mal als ein aufgestelltes Dominospiel. Dann ist die Schulpflicht der Dominostein, durch dessen Anstoß auch alle anderen fallen. Und zwar mit ziemlichem Tempo. Warum das? Weil keines der anderen Schulelemente symbolisch an so zentraler Stelle sitzt, dass es bei seinem Wegfall zwangsläufig viel bewegen würde. Nehmen wir beispielsweise die Abschaffung der Noten oder der Fächer; lasst uns die Stundentafel[7], ja sogar die Rahmenpläne beseitigen. Alles ziemlich beachtlich. Aber was würde in Bezug auf das ganze System geschehen? – Nichts!

Mit der Abschaffung der Schulpflicht jedoch würde viel passieren! Wenn es keine Schulpflicht mehr gibt,

---

[7] vom Kultusministerium festgelegte Anzahl der Wochenstunden pro Schulfach in einem Bildungsgang

drängen Eltern und Verbände in den Freiraum, um freie Lernstätten (Privatschulen) zu gründen. In diesen neuen Schulen möchten sie andere Lehrpläne und andere Methoden umsetzen. Dazu brauchen sie anders ausgebildete Lehrer und ein neues Verständnis der Schüler-Lehrer-Beziehung, ein neues Verständnis von Pädagogik.

Wer also Wesentliches verändern möchte, der sollte nicht irgendwo, sondern am Dominostein der Schulpflicht ansetzen. So tobt z.B. seit 30 Jahren ein erbitterter Kampf um die Gesamtschule, der nahezu alle Energie der Bildungsreformer auffrisst. Lassen wir das, es ist ein Nebenkriegsschauplatz, der sich selbst erledigen wird. Auch die Lehrerbesoldung, also die Frage, ob alle Lehrer mit der Beamteneingangsstufe A 13 gleich ausgebildet und bezahlt werden sollten: ein Nebenwiderspruch!

Schulpflicht ist dem selbstbestimmten Lernen der Schüler und der Eigenverantwortung der Eltern zuwiderlaufend. Ihre Abschaffung zu fordern, dient meine Streitschrift.

Wenden wir uns also dem langen und schweren Sündenregister, den zehn fatalen Folgen der Schulpflicht zu.

1. SCHULPFLICHT VERENGT DEN BILDUNGSBLICK

1. **fatale Folge:** Unsere traditionelle Schulpflicht verengt den Blick darauf, was im Bildungswesen sonst noch an Organisationsformen und Lernmotivation möglich ist. Nach eindeutigen Verdiensten für die Volksbildung der Untertanen in der Vergangenheit ist Schulpflicht mittlerweile hoffnungslos überholt. In anderen Staaten sehen wir, dass sich Schule auch anders gestalten lässt, indem eine Bildungs- (bzw.) Unterrichtspflicht eingeführt wurde. Und trotzdem finden sich immer wieder zahlreiche Schein-Gründe, warum bei uns keiner die Schulpflicht abschaffen will. Strafrechtlich einer »Nötigung« gleichkommend, baut Schulpflicht (wider)sinnigerweise doch auf den kooperativen Schüler.

1.1. Untertanen geh'n zur Schule

Im Juli 1999 startete ich in Click-City, der virtuellen Stadt im Internet, die vom deutschen Software-Riesen SAP betreut wird, unter dem Nickname meiner Tochter ein kleines Experiment. Im Diskussionsforum der Stadt gab ich den winzigen Beitrag ein: »Schafft die Schulpflicht ab! Was meint Ihr dazu?« Ich erhielt in drei Tagen 29 Kommentare von eher Jüngeren. Überwiegend hieß es etwa: »Du willst wohl die Kinderarbeit[8] wieder einführen und zurück ins Mittelalter?« oder »Der dümmste Beitrag, den

---

[8] tatsächlich ein interessanter Gedanke, den ich in Kapitel 8.2 aufgreifen werde

ich hier je gelesen habe! Du hast wohl reiche Eltern?« Dagegen tönte es nur ganz vereinzelt: »Echt cool! Jeder soll lernen, wie er will!« Einige Teilnehmer befürchteten, mit der Abschaffung der Schulpflicht würden Kinder später im Alkoholrausch auf der Straße landen. Andere – im Glauben, ich sei ein Kind – beruhigten mich liebe- und verständnisvoll, neun Jahre Schule seien gar nicht so schlimm.

Kennzeichnend war bei fast allen Click-City-Bewohnern ein bestimmtes Paradigma, nämlich dass Bildung immer mit Schulpflicht gleichgesetzt wurde. Die Möglichkeit einer anderen Lernorganisation war überhaupt nicht in den Köpfen. Auch die Möglichkeit, dass freiwillig aus Freude gelernt werden könnte, wurde eher misstrauisch beurteilt. Die folgende Gedankenreihe war vorherrschend: Schulpflicht = Lernen = Lebenserfolg! Teilweise fielen die Attacken recht scharf aus, was wohl mit dem hohen emotionalen Gehalt der Thematik zusammenhängt. Denn offensichtlich wurde ich so verstanden: Wer die Schulpflicht abschaffen will, macht jeden Lebenserfolg zunichte.

Wir sind seit Jahrhunderten so an unser Prinzip der Schulpflicht gewöhnt, dass wir es für die Ultima ratio halten und blind für einen anderen Blickwinkel geworden sind.

Bis zum 18. Jahrhundert war die Bildung der Untertanen Sache der Kirchen. So gab es fürs gemeine Volk und den Normalbürger Bekenntnisschulen (z.B. kirchliche Sonntagsschulen, Klosterschulen, jüdische Volksschulen bzw. Thoraschulen und Koranschulen). Die Schüler saßen statt auf Bänken oft auf bloßem Stroh. Im Mittelalter kannte man die Lateinschulen der Klöster. Der Unterricht für den Adel und die vermögenden Stände dagegen fand meist als Privatunterricht durch manchmal sehr berühmte Hauslehrer im Schloss oder im Wohnhaus statt. Immanuel Kant, Friedrich G. Klopstock, Konrad Duden oder

Jean-Jacques Rousseau haben teils kurz, manchmal aber auch ihr ganzes Leben, als Hauslehrer gearbeitet.

Drei Hauptideen prägten die Epoche, in der sich Schulpflicht langsam als Handlungsprinzip herausschälte: die Idee der Ganzheitlichkeit (z.B. bei Johann Heinrich Pestalozzi), der staatlichen Schulaufsicht (mit der Trennung von Allgemein- und Berufsbildung in einem dreigliedrigen Schulsystem durch Wilhelm von Humboldt) und der Praktischen Pädagogik als Unterrichtswissenschaft (z.B. bei Friedrich Schleiermacher).

Die meisten europäischen Staaten haben das Prinzip der staatlich gelenkten Bildung und Erziehung im 19. Jahrhundert angenommen. Bis dahin war der Schulbesuch nicht einheitlich geregelt. Der Prozess der Einführung der Schulpflicht war in der Regel kompliziert und langwierig. Und sie datiert in den einzelnen Ländern des Deutschen Reiches sehr unterschiedlich. So wurde im Königreich Württemberg 1820 und im wohlanständigen Hamburg als letztem deutschen Land die Schulpflicht erst 1870 eingeführt. Für das zackige Preußen gilt folgende nicht ganz so zackige Entwicklung:

1717	Erklärung der allgemeinen Schulpflicht
1763	Erlass des Schulgesetzes
1794	Der allgemeine Schulunterricht wird als Staatsaufgabe in die preußische Verfassung aufgenommen; die Schulpflicht beträgt zunächst drei Jahre.
1911	Einführung der Berufsschulpflicht

Mit der protzigen und symbolträchtigen Gründung des »Zweiten Reiches« durch Otto von Bismarck[9] wurde die **allgemeine Schulpflicht** 1871 als Staatsaufgabe in Gesamtdeutschland eingeführt.

---

[9] im berühmten Spiegelsaal von Schloss Versailles

15

In puncto Schulpflicht bestand für Bauern- und Arbeiterkinder bis nach dem 1. Weltkrieg noch das eine oder andere Schlupfloch. Insbesondere in den entlegenen bäuerlichen Gebieten, wo der Unterhalt einer Schule sehr teuer gekommen wäre, fehlten Schulen für etwa 2% der Schulkinder. Trotz Schulzwangs war Schule aber nicht kostenlos. Das Schulgeld für die Volksschüler wurde erst in der Weimarer Republik abgeschafft, für die Gymnasiasten gar erst Ende der 50er-Jahre.

Egal, welche Intention der König oder die Wirtschaft gehabt haben mögen; sei es, dass die Untertanen die Gebrauchsanleitung für eine Kanone oder die Bibel lesen oder die Tagesration Kohle für eine Dampfmaschine berechnen können sollten: das Volk konnte sich bilden. Die Schulpflicht hat ihre Funktion erfüllt. Das Volk übernahm dann später ein bisschen selber die Regie. Es bildete sich in Volkshochschulen oder Arbeiterbildungsvereinen fort, ja, rückte langsam aufs Gymnasium vor. Die breite Volksbildung, die durch den Zwang der Schulpflicht gesichert wurde, war jedenfalls die Basis für eine demokratische Entwicklung und die viel berufene Chancengleichheit. Das ist die unbestrittene Leistung der Schulpflicht in der Vergangenheit.

In § 4 des preußischen Schulgesetzes von 1763 hatte es wohltönend im Pluralis majestatis geheißen: »Weil an vielen Orten die Eltern ihre Kinder des Sommers nicht in die Schule schicken unter dem Vorwand, dass sie das Vieh hüten müssen, so haben deshalb Unsere Beamten ... dahin zu sehen, dass, soweit es möglich, ein eigener Viehhirte hierzu möge bestellt werden.«

In der heutigen Wissensgesellschaft, die Information und Wissen zu ihren höchsten und teuersten Gütern zählt, rechtfertigt diese Leistung der Vergangenheit keineswegs, dass die Staatsschule uns Eltern in der Gesamtheit noch immer wie Untertanen behandelt, so, als wollten wir gegen den Willen des Staates unsere Kinder zum Kühehüten statt zum Büffeln schicken. Und von den Kindern nimmt er selbstredend an, dass sie nicht lernen wollen. Da sei denn doch der Staat und die Schulpflicht vor! Lieber nötigt der Staat Schüler zu ihrem »Glück«, als dass er mit Augenmaß Eltern und ihrem Engagement vertraut. Und deshalb gilt: Wer nicht büffeln will, den holt der Büttel.

1.2. Bildungspflicht als Alternative

Kürzlich veranstaltete ich in meiner Stammkneipe eine Blitzumfrage, in welchem Alter in Deutschland die Schulpflicht enden würde. Das Ergebnis war niederschmetternd: keiner wusste es! Es gab die wildesten Vermutungen. Ein von seinem Tisch als »Fachmann« präsentierter Lehramtsreferendar bestand unter ständigem Hinweis auf das Schulrecht, in dem er nachschauen wolle, intransigent auf dem 9. Schuljahr. Auch meine Information, dass es eine allgemeine Schulpflicht und eine Berufsschulpflicht gäbe, beeindruckte ihn nicht.

Für die Verpflichtung zur Teilnahme an Bildung und Erziehung stehen zwei nicht deckungsgleiche Konzepte zur Verfügung: die **Bildungspflicht** oder auch Unterrichtspflicht (englisch: compulsory education) und die **Schulpflicht** (compulsory schooling). Schulpflicht heißt, dass Kinder und Jugendliche bis zu einem bestimmten Alter gesetzlich geregelt die räumlich und inhaltlich organisierte Schule besuchen müssen. Bildungspflicht (Unterrichtspflicht) bedeutet demgegenüber, Kinder gleichfalls in einem bestimmten Zeitrahmen zu bilden, allerdings sind hier der Lernort, die Methode des Lernens und die curricularen Inhalte sehr viel freier und wesentlich stärker vom Elternwillen geprägt. Bildung findet nicht in einem Schulgebäude statt.

Die Schulpflicht beginnt in Deutschland nach vollendetem sechsten Lebensjahr zum jeweils nächsten Schuljahresanfang. Der Grundschuleintritt kann durch den Besuch eines Schulkindergartens verschoben werden. Geistig, körperlich oder verhaltensmäßig behinderte Kinder können die jeweilige Sonderschule besuchen. Die Schulpflicht endet mit vollendetem 18. Lebensjahr. Die allgemeine Schulpflicht (sog. Vollzeitschule) dauert neun (in vier Bundesländern auch zehn) Jahre. Daran schließt sich eine Berufsschulpflicht mit einer Dauer von drei Jahren (sog. Teilzeitschule) an. Die Teilzeitschulpflicht kann durch den Besuch einer Vollzeitschule ersetzt werden.

Dauer, Beginn und Ende der Schulpflicht sind in Europa und den Staaten der Welt höchst unterschiedlich geregelt. Die Dauer der Schulpflicht bewegt sich zwischen 8 Jahren in Italien und mehr als 11 Jahren in Deutschland, den Niederlanden und in Belgien. Der Beginn der Schulpflicht schwankt zwischen dem 4. Lebensjahr in Luxemburg und dem 7. Lebensjahr in Skandinavien. Das Ende der Schulpflicht liegt zwischen dem 14. Lebensjahr in Israel und dem 18. Lebensjahr in Deutschland.

Schulpflicht folgt eher einem staatlich von oben gelenkten Prinzip (z.B. mit zentralen Lehrplänen, Noten- und Klassenarbeitsregeln), Bildungspflicht dagegen mehr einem freiheitlich selbstbestimmten, was jedoch nicht zwangsläufig Subsidiarität mit einschließt. Das Subsidiaritätsprinzip bedeutet, dass freie Träger absoluten Vorrang vor staatlichen Institutionen haben, wie wir es z.B. in Deutschland bei der Einrichtung von Kindergärten oder Heimen kennen. Wenn z.B. die katholische Kirche einen Kindergarten einrichten will, muss die Gemeinde zurücktreten. Ich plädiere im Schulwesen jedoch nicht für Subsidiarität, sondern für Partnerschaft. Doch auch dies geht vielen zu weit. Rechtfertigungen, warum keine Partnerschaft gewollt und die Schulpflicht nicht abgeschafft wird, gibt es wie Sand am Meer:

- **Tradition** – im Vertrauen auf jahrzehntelang Bewährtes wird kein Experiment gewagt
- **Angst vor Neuem** – die Rückseite der Traditionspflege! Da fragt sich der besorgte Bürger: »Was wird bei einer solchen Schulreform denn rauskommen? Eliteschulen für kapitalstarke Bonzen, das Chaos der Beliebigkeit oder die Restauration der Kleriker?« Betrachten wir diese Angst etwas genauer, dann stellen wir fest: Die Schulpflicht hat in unseren Köpfen so gut gewirkt, dass sich der Bürger selbst nicht traut und lieber Papa Staat die Angelegenheit regeln sieht.
- **diffuse Ängste** – Niedergang der Werte (und des Abendlandes und der Chancengleichheit), Steigerung der Kriminalität
- **schlechtes Gewissen** – besser die Schüler sind unter Aufsicht, man kann sie doch nicht auf die Straße schicken und hofft auf irgendeine positive Wirkung
- **Verantwortungsgefühl** – Jugendliche nicht im Regen stehen oder auf der Straße liegen lassen wollen und dafür in der Schule z.B. spezielle Förderung anbieten oder einen Sozialarbeiter anstellen
- **Politik** – die Jugendarbeitslosigkeit würde schlagartig steigen, Versagen der Familienpolitik
- **Fassade** von Ordnung soll aufrechterhalten werden, Unruhe vermeiden, Eltern wollen ihre Kinder irgendwie aufgehoben sehen, Hoffnung auf die Schule als Bewahranstalt
- **Arbeitsplatz** für Lehrer – gewerkschaftliches oder berufsverbandsspezifisches Partikularinteresse steht vor »dem Wohl des Kindes«: entweder fielen Arbeitsplätze weg oder die eingesparten Lehrerstellen würden durch Sozialpädagogen, Psychotherapeuten oder Lerntrainer in den Augen vieler Lehrer »fehlbesetzt«

Der Status quo der Schulpflicht wirkt als festes Bollwerk gegen jeden neuen Bildungsblick wie etwa die Bildungspflicht oder das Privatschulwesen. Beides würde vielfältige kreative Kräfte auf Schüler-, Lehrer- und Trägerseite freisetzen, wo Staatsschule durch übersprießende Bürokratie, schwerfälliges Reagieren und ängstliches Kleben am eigenen Sessel zu zähem Bildungstrott geführt hat. Egal wie die Ängste aber auch alle lauten, sie spielen in anderen Ländern nicht die gleiche Rolle wie bei uns. Wir Deutsche sind offenbar besonders reformunfähig.

1.3. Ein Blick übern Gartenzaun

In den heutigen Dienstleistungs- und Kommunikations-Gesellschaften ist die Notwendigkeit allgemein anerkannt, Kinder in einem bestimmten Zeitraum zu bilden und zu erziehen. Die meisten Länder der Welt kennen die Schulpflicht, die folgenden europäischen jedoch orientieren sich am Prinzip der **Bildungspflicht**: Belgien (bedingt), Dänemark, Österreich, Finnland, das Vereinigte Königreich und Norwegen. In diesen Ländern sind die Eltern nicht verpflichtet, ihre Kinder in die Schule zu schicken. Sie haben jedoch für eine entsprechende Bildung zu sorgen.

Dabei kleben die Bildungsinhalte unterschiedlich stark an einem vorgegebenen Curriculum. Beispielsweise muss in Österreich ein Kind, das zu Hause mit den Eltern oder sonst wie lernt, zu Ende eines jeden Jahres eine Prüfung ablegen, deren Inhalt der übliche Lehrplan an ordentlichen Schulen ist. Erreicht das geprüfte Kind die Anforderungen nicht, wird dem Kind für das nächste Jahr der Besuch einer öffentlichen oder privaten Schule zur Pflicht gemacht.

Paradebeispiel für ein Schulsystem, das auf Bildungspflicht basiert, sind die **USA**: Hier liegt die Schulbildung dezentral in den Händen von Eltern, Schulvereinen und der Öffentlichkeit. Etwa 1 Million Kinder werden zu Hause von den eigenen Eltern unterrichtet, viele, weil sie ihre Kindern nicht ins Stress- und Gewaltmilieu der Schulen schicken möchten. Untersuchungen ergaben, dass das seit 1976 mögliche Homeschooling in verschiedenen Disziplinen bessere Leistungen erbrachte als die Public schools.

Eine direkte bundesstaatliche Schulaufsicht besteht in den USA nicht, auch wenn es ein Bildungsministerium gibt. Lediglich die Finanzierung des Bildungssystems wird teilweise übernommen, auf einige Rahmenbedingungen haben Bundesgesetze Auswirkungen. Die Schulen liegen in staatlicher oder privater (häufig katholischer) Trägerschaft. Die Bundesstaaten delegieren in der Regel ihre Aufsichtsfunktion und Kontrollbefugnisse an »local school boards«, die die direkte Aufsicht in den 15.358 »school districts« führen. Die entsprechenden Curricula werden auf der Ebene der »school districts« geregelt, können aber sogar von Schule zu Schule variieren.

Das US-Schulsystem ist außerdem als zwölfjährige Gesamtschule angelegt und einfach zu überblicken. Deshalb werden die USA von Freunden der deutschen Gesamtschule gerne als Beispiel zitiert. Die Primärbildung erfolgt in einer sechsjährigen Elementarschule, die hie und da auch als »Sonntagsschule« angeboten wird. Danach wechseln die Schüler auf eine sechsjährige »High School« über. Diese unterteilt sich manchmal noch in eine »Junior-« und eine »Senior-High-School«. Nach der zwölften Klasse können die Schüler eine Abschlussprüfung ablegen, sie müssen aber nicht.

An den USA kann man am besten sehen, dass mit der Abkehr vom dreigliedrigen Schulsystem und dem Vertrauen des Staates in die Bildungswilligkeit seiner Bürger das Abendland nicht unterging. Was natürlich auch daran liegen mag, dass die USA kein Abendland sind. Trotz der positiven Einschätzung lassen sich auch an diesem System wesentliche Schwächen feststellen, so, wenn es keinerlei Konsens über den Grundbestand an Allgemeinbildung gibt und jede Schule lehren kann, was sie möchte (z.B. den Führerschein als Unterrichtsfach).

Die große amerikanische Schul-Freiheit hat dazu geführt, dass es gute, weniger gute und finanzstarke Elite-Schulen und Universitäten (wie Stanford, Harvard, John-Hopkins[10] oder die UCLA[11]) gibt. Diese unerwünschte Splittung zwischen intellektueller Hochleistung und jämmerlichem Wissensstand ließe sich bei einer Reform des Bildungswesens verhindern, indem wir in öffentlichen und privaten Schulen, die alle gleichermaßen öffentlich gefördert sind und nur beschränkt Schulgeld[12] erheben dürfen, Konsens über einen verbindlichen Kanon der Allgemeinbildung herbeiführen.

Trotzdem sind die US-Amerikaner mit ihrem System im Großen und Ganzen nicht schlechter gefahren als andere Nationen. Vielleicht sogar besser, darüber ließe sich trefflich fechten. Die Liste der amerikanischen Nobelpreisträger, Psychotherapeuten oder Erfinder, die alle durch eine Gesamtschule liefen, spricht jedenfalls dafür. Der US-Amerikaner Bill Gates hat bis zum Ende seiner Schulzeit auf der Gesamtschule neben einer ärmlichen Napfsülze gesessen, die heute statt Software Softpornos verhökert.

Es kommt also weniger darauf an, wie Schule aufgebaut ist, sondern was konkret im Unterricht und dabei besonders zwischen Lehrer und Schüler abläuft. Dies zu sehen, hat wesentlich das Konzept der Schulpflicht verhindert, dem wir wie die Lemminge folgen. Weiten wir also unseren Blick ins Land der Bildung und gestatten uns eine Vision von einer neuen Bildungslandschaft. Doch zuvor noch mal einen Blick zurück!

---

[10] in Baltimore
[11] University of California Los Angeles
[12] in Art. 7,4 GG wird zu Recht besonders darauf abgehoben, dass »eine Sonderung der Schüler nach den Besitzverhältnissen der Eltern nicht gefördert wird«.

2. SCHULPFLICHT: LEISTUNG »UNGENÜGEND«!

2. fatale Folge: Schulpflicht hat alle reformpädagogischen Konzepte, die der inhaltliche Motor der Schulentwicklung sind, ausgebremst. Schulpflicht wurde nach dem zweiten Weltkrieg trotz Sputnikschocks und Bildungsnotstand weiter am Leben erhalten. Heute hat Schulpflicht prinzipiell versagt, sie hält ihr Versprechen nicht ein, so wenn Eltern wöchentlich etwa 30 Millionen DM für Nachhilfeunterricht ausgeben müssen. Der Staat lässt nur zu, dass zwischen 5 % – 10 % (Gymnasiasten) in Privatschulen lernen können. Hier überleben Reformansätze – oft von Schikanen und Geldmangel bedroht – nur mühsam.

2.1. Reformpädagogik: ein guter alter Hut

Die Veränderungen im Schulwesen gingen in diesem Jahrhundert von zwei großen Strömungen aus, der Reformpädagogik und der Bildungsreform. Genährt wurden beide Strömungen – neben den Erfordernissen des sozioökonomischen Wandels in Deutschland – durch die Jugend selbst: einmal zu Beginn des Jahrhunderts durch die Jugendbewegung (z.B. Wandervogel, Neues Deutschland u.a. Jugendbünde), zum andern durch die Studentenbewegung der 60er und 70er Jahre. Beide Strömungen wurden durch das Prokrustesbett der Schulpflicht zurecht gestutzt.

Pünktlich zur Jahrhundertwende (1900) erschien das berühmte und vielfach übersetzte Buch »Das Jahrhundert des Kindes« der schwedischen Feministin Ellen Key. Mit diesem Buch kann man – zumindest für Europa – den Beginn der eigentlichen Reformpädagogik kennzeichnen, auch wenn es natürlich zahlreiche vorauslaufende Strömungen gegeben hat. So stammt z.B. die Forderung nach Ganzheitlichkeit, Selbständigkeit und Eigenmotivation von den pädagogischen Über- und Urgroßvätern Johann Heinrich Pestalozzi (1746-1827) und Friedrich W. A. Fröbel (1782 – 1852), dem Erfinder des Kindergartens.

Unter Reformpädagogik sind alle Erziehungsmethoden zu verstehen, die an den subjektiven Bedürfnissen und Fähigkeiten des Kindes ansetzen und nicht an den Bedürfnissen der Gesellschaft oder einer Religion. Ziel der Reformpädagogik ist die **Selbständigkeit** des Menschen. Zentrales Prinzip (oder Methode) ist die **Hilfe zur Selbsthilfe.** Unter diesem Begriff sind alle nicht autoritär eingreifenden, sondern altersgerecht anleitenden Hilfestellungen des Erziehers oder Lehrers zu verstehen. Nur bei einer echten inneren Anteilnahme an den zu lösenden Aufgaben kann der Erzieher erwarten, dass sich das Kind zur Selbsttätigkeit motivieren lässt.

Bedeutende Reformpädagogen waren in den USA John Dewey (1859 – 1952), in Italien Maria Montessori (1870 – 1952), in England Bertrand Russell (1872 – 1970) und Alexander Sutherland Neill (1883 – 1973), in Frankreich Célestin Freinet (1896 – 1966) sowie – last but not least – in Deutschland der Landerziehungsheimgründer Hermann Lietz und der Münchner Stadtschulrat, freisinnige Reichstagsabgeordnete und Berufsschulpädagoge Georg Kerschensteiner (1854 – 1932) sowie speziell in der deutschen Hauptstadt Berlin Kurt Löwenstein und Fritz Karsen. Von der italienischen Ärztin und Pädagogin Maria Montessori stammt der berühmte reformpädagogische Lehrsatz: »Hilf mir, es selbst zu tun!«

Die Reichsschulkonferenz von 1920 hatte nach zähen Diskussionen zwischen Konservativen und Reformern die vierjährige Grundschule eingeführt und darauf aufbauend anstelle der Gesamtschule das dreigliedrige Schulsystem für das gesamte 20. Jahrhundert zementiert.

Die Nazis hatten dem Schulsystem zwischen 1933 und 1945 nichts hinzuzufügen, im Gegenteil: sie nahmen ihm erst einmal viele freie Schulen weg! Nur die Jenaplanschulen des Reformpädagogen und Professors Peter Petersen (1884-1952) überlebten, weil er sich den braunen Machthabern unanständig anzupassen verstand. Seine kritische Schulleiterkollegin Elisabeth von Thadden vom (heute nach ihr benannten) evangelischen Privatgymnasium in Heidelberg endete dagegen in Plötzensee am Galgen. Die ideologische Formung der Jugend vertrauten die Nazis auch weniger der im Grunde misstrauisch beäugten bürgerlichen Schule an, sondern mehr der »freien« außerschulischen Jugendbewegung: der HJ. Eine schwachbrüstige Theorie bzw. ein krudes Konglomerat ideologischer Ungeheuerlichkeiten war eben eher in der gefühlsschwangeren Praxis von Lagerfeuern, Märschen, Ernteeinsätzen und beim Segelfliegen zu vermitteln.

Die Schulpflicht übernahmen die Nazis selbstverständlich, weil sie Pflicht und Gehorsam ja über alles liebten. Sie betonten im Lehrplan die ihrer Ideologie genehmen Fächer wie Sport (Boxen!) und Biologie (Rassenlehre!). Die zukünftige – intellektuell etwas minderbemittelte – »Führungselite« von Staat und Partei wurde in zahlreichen Internaten gedrillt, einmal den »Napolas«, den Nationalpolitischen Erziehungsanstalten[13], und zum andern in den von Robert Ley gegründeten sechs »Adolf-Hitler-Schulen« der Partei, den »Ordensburgen«[14]. In den Napolas konnten in einem Fall auch Mädchen Aufnahme finden, die Ordensburgen der Partei dagegen waren ganz den heldischen Recken und Paladinen in spe vorbehalten.

---

[13] z.B. wurde in Plön, Naumburg, Köslin, Spandau, Potsdam oder Oranienstein besonders der SS-Nachwuchs herangezüchtet

[14] z.B. in Vogelsang/Eifel, Sonthofen oder in Feldafing (wo die absolute Kaderschmiede, die »Reichsschule der Partei«, lockte)

Die jungen Frauen dagegen wurden »artgemäß« in sog. »Reichsbräuteschulen«, einer Art Volkshochschule, auf ihre Rolle als Hausfrau und Mutter an Herd und Wiege vorbereitet. Die NSDAP wollte die Mädchen deshalb am Studieren hindern. Ab 1933 sollte ein Numerus clausus die Anzahl der Studentinnen an den Universitäten auf unter 10% halten. So weit der Plan! Der Krieg und seine Vorbereitung aber machten einen Strich durch die braune Rechnung, weil männliche Studenten nun mal als Kanonenfutter gebraucht wurden. Gegen Kriegsende war etwa die Hälfte aller Studenten weiblich.

Die Bundesrepublik behielt ehern die Schul- und die Aufsichtspflicht des Staates bei. In Artikel 7, Absatz 1, Grundgesetz ist festgelegt: »Das gesamte Schulwesen steht unter der Aufsicht des Staates.« Die Schulpflicht findet keine Erwähnung. Deshalb wäre nicht mal eine Grundgesetzänderung notwendig, würden wir die Schulpflicht abschaffen und die Bildungspflicht einführen. Allerdings müsste wegen der Kulturhoheit der Länder eine Einigung auf Bundesländerebene erzielt werden. Und das dürfte noch schwieriger sein als eine Grundgesetzänderung. Aber vielleicht macht ja auch ein Bundesland den Vorreiter und schafft allein die Schulpflicht ab!?

Unsere Schulen sind überwältigend oft (etwa zu 95%) in öffentlicher Trägerschaft, wo Schulgeld- und Lernmittelfreiheit herrscht. Ein nicht zu unterschätzender Erfolg unseres Schulsystems! Öffentliche Schulen müssen – im Gegensatz zu Privatschulen – Schüler mit den entsprechenden Voraussetzungen »beschulen«, sofern nicht schwerwiegende Gründe dagegen sprechen. Außerdem ist der Staat verpflichtet, ein wohnortnahes Schulangebot zu unterhalten und über Lehrpläne eine vergleichbare Leistung zu garantieren, die einen Wechsel in eine andere Schule erleichtert. Nur in wenigen Schulen ist die Ganztagsbetreuung eingerichtet, im Wesentlichen in den Gesamtschulen. Langsam ziehen auch Grundschulen mit einer Kernzeitbetreuung o.ä. nach.

In Deutschland sind aufgrund Artikel 7,4 GG Privatschulen ausdrücklich zugelassen, also verfassungskonform. Es waren zwei große Ströme, die private Schulen hervorgebracht haben. Einmal die so genannten Landerziehungsheime, zum anderen die Waldorfschulen.

Landerziehungsheime waren Internatsschulen, die Ende des 19. Jahrhunderts nach englischem Vorbild auf dem Lande, fernab von den üblen Einflüssen der Großstadt, gegründet wurden. Parallel zur völkischen Jugendbewegung des Wandervogels u.a. erfolgte in diesen Schulen eine Rückbesinnung auf die Natur und das Natürliche. Das erste Landerziehungsheim begründete schon 1898 der völkisch-nationale Pädagoge Hermann Lietz in Ilsenburg im Harz. In seiner Bildungsgemeinschaft sollten selbständige und gesunde Charaktere herangebildet werden. Ein gutes Dutzend Internate nimmt auch heute noch Schüler auf, bekanntestes Beispiel dürfte die von Paul Geheeb begründete Odenwaldschule in Oberhambach bei Heppenheim sein.

Die **Waldorfschulen** blicken auf eine über achtzigjährige Tradition und Erfahrung zurück. 1919 traten Emil Molt, der Direktor der Zigarettenfabrik Waldorf-Astoria und der Ingenieur Carl Unger an Rudolf Steiner, den Begründer der Anthroposophie, heran, um in Stuttgart eine Schule nach dessen musisch-kreativen Prinzipien einzurichten. Es dauerte Jahre, bis sich Steiners zunächst recht strenge Pädagogik durchsetzte. Nach Steiner ist die menschliche Erkenntnisfähigkeit keine festgelegte Persönlichkeitseigenschaft, sondern entwicklungsfähig. Das bedeutet, dass die Persönlichkeit eine der Schulung zugängliche Fähigkeit ist. Aus den Waldorfschulen nicht wegzudenken und für den Außenstehenden sehr eindrucksvoll (oder befremdlich) ist die typische Bewegungskunst und -therapie, die Eurhythmie. Dabei werden die Inhalte der Sprache, z.B. ein Gedicht von Goethe, durch Körpersprache (Grobmotorik, Gestik und Mimik) ausgedrückt. So kann der Zuhörer das Gesprochene sehen. Ziel der Eurhythmie ist die Aktivierung der Lebenskräfte.

Reformpädagogik hatte seit langem sehr konkrete Vorstellungen über Schule. Lesen wir die Forderungen des »Bundes Entschiedener Schulreformer« von 1921, fällt uns wohl sofort auf, dass hier Schul- und Sozialpädagogik noch eine intensive Einheit bilden.

- Bestmögliche Entwicklung aller Kräfte des Schülers
- Eltern- und Lehrermitwirkung bei der Schulverwaltung
- Schülerselbstverwaltung
- keine elitäre Internatserziehung
- keine Hausaufgaben
- konfessionsfreie Schule
- Koedukation
- Erziehung »der Jugend durch die Jugend«
- Prävention statt Strafe
- praktisches Tun gleichberechtigt neben geistigem Tun
- Gemeindenähe und Vernetzung mit der Jugendpflege des Stadtteils bzw. des Ortes
- Koordination von Schul- und Jugendhilfemaßnahmen

Die vorstehenden Forderungen klingen in Staatsschulen heute noch seltsam utopisch. Bis auf den Punkt Koedukation ist nichts voll erfüllt. In Privatschulen aber ist vieles davon schon längst Wirklichkeit geworden. Da aber nur wenige Privatschulen existieren (ca. 5%), erleben nur wenige Kinder und Lehrer diese Form des pädagogischen Umgangs. Privatschulen sind z.B. Bekenntnisschulen, das sind allgemein-bildende Schulen und auch spezielle Hochschulen, die von kirchlichen Trägern geführt werden. Dazu gehören katholische und evangelische Grundschulen, Gymnasien und theologische Hochschulen (z.B. die Jesuiten-Universität St. Georgen in Frankfurt/ Main oder die Universität Eichstädt). Außerdem sind auch Schulen in nichtreligiöser privater Trägerschaft bekannt.

Der räumliche Schwerpunkt der freien Schulen liegt eindeutig in Süddeutschland, hat doch das preußische Schulverständnis starke Spuren im Geiste der Nachkommen hinterlassen. Das liberale Baden oder das klerikale Bayern haben da eine relativ starke eigene Privatschultradition. Die Ausrichtung der freien Schulen reicht von alternativ über liberal bis zu wertkonservativ. Sehr oft werden die freien Schulen als Internate oder Ganztagsschulen geführt.

Freie Träger können sich ihre Klienten aussuchen, also z.B. motivierte oder bedürftige Schüler, aber auch Kinder betuchter Eltern. So verlangen die Tagesschulen unterschiedlich hohes Schulgeld von den Eltern, was aber häufig sozial gestaffelt eingenommen wird (etwa maximal 300.- DM pro Monat). Teilweise unterhalten Privatschulen auch kostenlose Plätze für Sozialfälle. Waldorfschulen haben oft Klassen mit bis zu 40 (!) Schülern und zahlen den Lehrern magere Alptraumgehälter, einfach, damit sie über die Runden kommen. In manchen Bundesländern ließe man Waldorfschulen gern verhungern.

Charakteristischer Ausdruck aller reformpädagogischen Bemühungen ist eine Versuchsschule, die so genannte **Laborschule.** Hier werden neuere pädagogische Konzepte ausprobiert und überprüft. In den USA entwickelte der Pädagoge und Philosoph John Dewey (1859-1952) eine spezielle Projektmethode besonders für die Grundschule, die auch in anderen Ländern Nachahmer fand. Seine pädagogischen Prinzipien testete er in der Dewey-Schule, die bereits vor über hundert Jahren (1896) in Chicago gegründet worden war. In den USA und anderen Ländern war diese Methode im Grundschulunterricht lange Zeit führend.

Deweys Einfluss auf die deutsche Schule dagegen war und ist eher gering. Besonders berühmt wurden bei uns dagegen die zahlreichen Waldorfschulen sowie die Montessorischulen. Beide Schultypen sind heute über die ganze Welt verbreitet. Berühmt, ja fast berüchtigt, wurde auch das englische Schulprojekt Summerhill mit Alexander S. Neill und seiner antiautoritären Pädagogik. Die Wirkung seiner Schriften hatte zu Zeiten der Studenten- und Kinderladenbewegung bibelähnlichen Charakter. Vielleicht die bedeutendste deutsche Versuchsschule war in den siebziger und achtziger Jahren die Laborschule in Bielefeld, die von dem bekannten Schulkritiker Hartmut von Hentig geleitet wurde.

Drei Dinge sind für die Zulassung einer Privatschule maßgebend: der Baukostenzuschuss muss geregelt sein, der auf einem speziellen Konzept basierende Lehrplan muss akzeptiert werden, und als hässlicher und kaum zu überwindender Pferdefuß erhält eine alternative Schule erst nach drei Jahren Betrieb rückwirkend das notwendige Geld. Mit dieser effektiven Methode stranguliert der Staat Initiative und Freiheitswillen, um dann in öffentlichen Diskussionen generös behaupten zu können (und damit auch noch Recht zu haben): »Freie Schulen betrachten wir nicht als Konkurrenz zu den staatlichen. Sie sind vielmehr eine Bereicherung!« So Dr. Pauli, seines Zeichens Ministerialdirigent im baden-württembergischen Kultusministerium am 7.12.1999 in einer Diskussionsrunde zum Thema in SWR 2.

Weitere freie Alternativschulen sind bisher meist am Rammbock des zentralistischen Schulsystems und der Schulpflicht gescheitert und nicht über das Experimentierstadium hinausgekommen. Die klugen Köpfe wissen jedoch, dass Staatsschule keineswegs sein muss, zeigt ihnen das doch ein Blick ins »freie« Ausland. Frankreich beispielsweise hat etwa 20%, Großbritannien 25% und die Niederlande als europäischer Strahlemann gar 75% der Schulen in privater Trägerschaft. Für uns besonders interessant ist das Beispiel der Niederlande nicht nur deswegen, weil die Niederländer Europameister in freien Schulen sind, sondern weil sie ihr Schulsystem angehend von einem sehr hohen Staatsanteil (ähnlich wie bei uns heute) total umgekrempelt haben. Die Holländer zeigen uns, dass das Undenkbare denk- und machbar ist!

Natürlich gibt es auch sehr ernst zu nehmende Bedenken gegen die Errichtung von Privatschulen. Neben der Befürchtung einer elitären Klassenschule, hat da besonders die Vorstellung der konfessionellen oder politischen Indoktrinationsschule Bestand. Die bibeltreuen August-Hermann-Franke-Schulen haben sich kürzlich das Recht auf Einrichtung ihrer Schulen erstritten, wogegen Bedenken laut wurden.

Wichtiges Regulativ bei der Zulassung neuer Schulen wären allerdings auch die weiterführenden Ausbildungsstätten. Wenn nämlich beispielsweise die Universitäten nur Schüler mit bestimmten Voraussetzungen (z.B. Durchlauf bei bestimmten Trägern) in den Präp-Kurs zulassen, würde der Markt unqualifizierte (z.B. unwissenschaftliche, religiös fanatische) Schulen aushungern.

Viele Methoden, die heute zögernd Eingang in die Staatsschulen gefunden haben, entstammen der Reformpädagogik der freien Schulen. Hier wurde nahezu alles ausprobiert, was mittlerweile auch in der offiziellen Pädagogik Rang und Namen hat. Ein Dankeschön hat der David der Freien Schulen dafür noch keinen erhalten, obwohl er auch heute noch als Herzschrittmacher für den Staatsgoliath funktioniert.

2.2. Was kommt hinten raus?

Im Lauf der letzten Jahrzehnte wurde Schule immer wieder heftig kritisiert, weil sie nicht das leisten würde, was sie zu leisten versprach. Aber immer wieder wurden Forderungen nach neuen Schulen (abgesehen von der Gesamtschule) oder anderen Konzepten bzw. Schulträgern von der Bildungsbürokratie gnadenlos abgeschmettert.

Da und dort konnte sich im Grundschulbereich vielleicht schüchtern eine Montessori-Klasse oder islamische Schule etablieren. Am meisten änderte sich noch in den Berufsschulen, am wenigsten im Gymnasium.

Das traditionelle Schulsystem ist in seiner Effizienz längst aufgelöst. An verschiedenen Phänomenen lässt sich die Bankrotterklärung des Schulwesens gut belegen:

- Die Schule flankierend hat sich ein breiter Markt von Schulhelfern (Schularbeitshilfen, Lernberater, Lerntherapeuten), der »**zweite Bildungsmarkt**«, etabliert, der – trotz rigoroser Schulpflicht – Schüler erst dazu befähigt, den Anforderungen der Schule gerecht zu werden. Dieses immens gewachsene System[15] stützt die Schule notdürftig und hat sie schon heute vermutlich vor dem vollkommenen Zusammenbruch bewahrt. Es wird von Eltern, meist von den Unterprivilegierten, mit jährlich sage und schreibe etwa 1,2 Milliarden Mark bezahlt. Die Mittelschicht finanziert im Prinzip ihren Kindern die Klavierstunde und das Ballett, die Unterschicht den Lernberater. Dass es sich hierbei um ein verstecktes **Schulgeld** handelt, wird von der Öffentlichkeit seit Jahren schweigend zur Kenntnis genommen. Privatschüler haben besonders wenig Nachhilfeunterricht und erreichen mehrheitlich das Abitur bzw. die Mittlere Reife.

- Eine unbekannte Anzahl von **Analphabeten** (man spricht bei einer großen Dunkelziffer von etwa 4 Millionen Betroffenen) hat – trotz rigoroser Schulpflicht – einen offiziellen Bildungsstand erworben, der keine Weiterbildung zulässt, wenn auch ein mühseliges und trickreiches Überleben in unserer Schriftgesellschaft ermöglicht ist. Oft können diese Analphabeten gerade einmal ihren eigenen Namen schreiben oder laufen mit

---

[15] es gibt ca. 3000 Nachhilfefirmen; allein die »Schülerhilfe« hat 800 Stützpunkte

Gipsbinde um dem Arm herum, wenn ein Schreibanlass droht. Die meisten dieser Menschen konnten durchaus einmal lesen und schreiben und haben die Fähigkeit wieder verloren (funktionale Analphabeten). Jährlich aber verlassen 400.000 Kinder unsere Schulen, die nicht richtig lesen und schreiben gelernt haben. In den USA ist diese Gruppe von medienverwirrten Analphabeten bereits so groß, dass die US-Army bei Bedienungsanleitungen ihrer Maschinen und Geräte einen Comic-Kommunikationsstil (ich nenne das »Comication«!) verwendet, dessen Bildchen auch alle lesen können.

- Der abgeschlossene Besuch des einjährigen **Berufsvorbereitungsjahres**[16] (BVJ) lässt z.B. in Baden-Württemberg die ansonsten übliche Berufsschulpflicht erlöschen (§ 78 a SchG). Das heißt, dass ein 16-Jähriger nach Abschluss des BVJ – trotz rigoroser Schulpflicht – ungestört nach Hause gehen darf. Offenbar hat also sogar der Gesetzgeber eingesehen, dass hier oft Hopfen und Malz verloren sind. So glänzt das BVJ mit hohen Schwänzerzahlen, so hoch, dass in Baden-Württemberg 100 Hauptschulen mit Abschlussschülern einen Tag pro Woche im BVJ probesitzen, damit sich die zukünftigen BVJ-ler schon mal an die Lehrer und die Atmosphäre gewöhnen. Andererseits zwingt aber dasselbe Bundesland Schüler, in sog. Vorpraktikantenklassen die Berufsschule bis zu einem Alter von 18 Jahren zu besuchen (§ 78 SchG), obwohl diese Schüler meist weitere drei Jahre in eine Berufsfachschule gehen werden.

- Die Möglichkeit von Schwangeren und **jungen Müttern**, sich von der Schulpflicht zu befreien, (z.B. § 81 SchG von Baden-Württemberg) zeigt deutlich, dass

---

[16] Einjährige Schule, die Schüler beruflich orientiert, ohne einen Beruf zu vermitteln und oft den Hauptschulabschluss erreichen hilft.

Schule – trotz rigoroser Schulpflicht – ihre Bedeutung unter bestimmten Umständen richtig einzuschätzen weiß. Mutterschaft geht also vor Schulpflicht, nicht aber unbedingt eine schwere psychische Störung eines Schülers oder eine brutale Attacke auf eine Lehrerin.

- In dramatischen und äußerst aggressiven Fällen der Schulverweigerung wird dann von Schule und Polizei – trotz rigoroser Schulpflicht – offensichtlich weggeschaut, wenn es sich um **Ausländer** oder anerkannte **Asylanten** handelt. Auch bei **Sinti** und **Roma**, die ja von 1939 bis Kriegsende einem strikten Schulverbot unterworfen waren, ist man offenbar »großzügig«. »Wenn wir nicht in die Schule kamen, hat das einfach niemanden gekümmert!« sagt Sonja Birkenfelder, Mediatorin für Bildungsarbeit beim Landesverband der Sinti und Roma Baden-Württemberg. Und von den **Trebegängern**[17] spricht auch kaum jemand. Damit ist die Schulpflicht in vielen Einzelfällen widerrechtlich und still ausgehebelt.

- Innerhalb der Schulen haben sich verschiedene sozialpädagogische Fördermaßnahmen, z.B. die **Schulsozialarbeit** entwickelt. So bedeutet die sinnvolle Beratung durch den Sozialarbeiter an einer Schule letztlich auch eine winzige Einschränkung der Schulpflicht, weil sie – trotz rigoroser Schulpflicht – oft parallel zum Unterricht stattfindet bzw. stattfinden muss.

- Die **Mathematikleistungen** unserer Schüler der 8. Klassen rangieren nach der TIMMS[18]-Studie des Boston-College – trotz rigoroser Schulpflicht – im Mittelmaß, die der 12. Klassen auf dem drittletzten Platz in der Welt (!).

- 250.000 Schüler bleiben – trotz rigoroser Schulpflicht

---

[17] Straßenkinder, in einer Stadt wie Heidelberg sollen 50, in einer Stadt wie Berlin 5000 leben

[18] Third International Mathematics and Science Study

– pro Jahr in einer Klasse **sitzen**. Die flankierenden Maßnahmen der Schulsozialarbeit reichen also nicht aus.

- 100.000 Schüler erlangen – trotz rigoroser Schulpflicht – pro Jahr **keinen Schulabschluss**. Auch hier reichen die flankierenden Maßnahmen der Schulsozialarbeit nicht aus.

Schulreform wird wohl nur selten aus pädagogischer Verantwortung heraus exerziert, sondern einfach, weil das Schulsystem an den zuvor genannten inneren Widersprüchen zu platzen droht. Um wenigstens ein paar Mängeln im System zu begegnen, antwortet Schule oft martialisch, aber letztlich vollkommen hilflos, z.B. wenn sie die Schulpflicht als Schulzwang mit aufwändigen Bußgeldbescheiden und Polizeimaßnahmen durchsetzen lassen will (etwa § 86 des baden-württembergischen Schulgesetzes).

Die Schulpflicht ist längst auch von innen, nämlich durch schulische Erziehungs- und Ordnungsmaßnahmen angeknabbert und ausgehöhlt. Wenn man genauer hinschaut, dann kann ein Schüler sehr wohl von der Schulpflicht »befreit« werden, er muss dazu nur genügend Terror machen. Erst dann kann ihn das Oberschulamt oder das Kultusministerium nämlich von allen Schulen des Schulorts, des Schulamts, des Landkreises oder des gesamten Bundeslandes ausschließen. Dieser Rausschmiss im hohen Bogen kommt ja wohl einer Befreiung von der Schulpflicht gleich.

Eine wahrhaft schizoide Haltung: Erst werden schulunwillige, aber noch halbwegs brave Schüler mit Bußgeldbescheiden traktiert und schließlich von der Polizei vorgeführt; dann werden sie durch Rauswurf »bestraft«, wenn sie nur genug stören. Wirklich eine hübsche staatliche Einladung an Schulunwillige, Terror zu machen. Vermutlich wissen das die meisten dieser Schüler noch gar nicht, sonst würden mehr von ihnen noch ganz anders loslegen, um endlich die verhasste Schule los zu sein.

Trotz dieses eklatanten Widerspruchs aber hält Schule die Fahne der Schulpflicht unbeirrt hoch und droht gleichzeitig mit fürchterlichen Bußgeldern und Schulverweisen.

- Der **temporäre Schulverweis.** Klassenkonferenzen und Schulleiter können (je nach Bundesland verschieden) heute bereits – trotz rigoroser Schulpflicht – renitente Schüler für einen kurzen Zeitraum, z.B. stundenweise oder bis zu vier Wochen von der Schule verweisen. Damit wird in Einzelfällen die Schulpflicht ausgehöhlt. Danach steht dann – wenn sich der Rausgeschmissene gerade ans Lotterleben gewöhnt hat und den Rausschmiss eigenständig um ein paar Wochen verlängert – auch prompt die Polizei vor der Haustür und führt den Lotterbuben am Schlafittchen gepackt der Schule zu. Wo ihm dann schon für die nächste Attacke, z.B. einmal die Lehrerin aus dem Fenster halten, der nächste Rausschmiss winkt.
- Der **lokale Schulverweis.** Nach schweren Vorkommnissen, z.B. körperlichen Attacken von Schülern auf Lehrer, kann die betreffende Schule eine Weiterbeschulung aber auch vollkommen ablehnen. Allerdings muss dann nach einem Urteil des Verwaltungsgerichts Mainz eine andere rheinland-pfälzische Schule einspringen und – wegen der rigorosen Schulpflicht – für die Erfüllung derselben sorgen.
- Der **pauschale Schulverweis.** In einigen Bundesländern ist auch die Ausweitung des Schulausschlusses auf alle Schulen des Landes möglich. In diesem Fall kommt eine weitere Beschulung dann überhaupt nur noch in einem anderen Bundesland z.B. in einem Internat oder als Fahrschüler in Betracht.

Schulpflicht hat sich durch eklatante Leistungsmängel selbst ad absurdum geführt, besonders, indem sie die Kreativität und das Reformengagement der Lehrer und Eltern systematisch paralysiert hat. Krönung des Widerspruchs aber sind die zwei paradoxen Zwangssysteme

Schulzwang und Rausschmiss. Es sieht so aus, als seien die Bildungsbürokraten so machtverliebt, dass sie mit diesem Widerspruch bedenkenlos leben können. Wir Eltern jedenfalls werden uns schon nach anderen Prinzipien umschauen müssen, um unseren Kindern einen zukunftsfähigen Bildungsbegriff vermitteln zu können.

3. SCHULPFLICHT KENNT KEINE KUNDEN

3. fatale Folge: Obwohl Schule eigentlich ein Dienstlei-stungsunternehmen ist, hat sie wegen des auf Schul-pflicht beruhenden Zwangssystems keine Kundenori-entierung nötig. Sie verhält sich nicht marktgerecht und im Prinzip noch immer obrigkeitsstaatlich. Ihre Führungsprinzipien scheinen den Hierarchien der päpstlichen Amtskirche und der ex-sowjetischen Plan-wirtschaft abgelauscht zu sein. Schüler werden im un-demokratischen System der Schule prinzipiell nicht in-dividuell und chancengerecht auf den Arbeitsmarkt und die Globalisierung vorbereitet. Schule erkennt nicht oder nicht ausreichend die Zeichen der Zeit. Im Weltmaßstab hoppeln die Deutschen bildungsmäßig mit hängender Zunge hinterher.

3.1. Demokratie im alten Gemäuer

Schulpflicht verhindert eine demokratische Schule, ob-wohl unsere Schulen tatsächlich »die Schule der Nation« bzw. manchmal auch »die Schule der Nationen« sind. Von ca. 80 Millionen Deutschen traben täglich etwa 10 Millionen Mädchen und Jungen inklusive sämtlicher Aus-länder unterschiedlichster Nationalität zur Schule. Dort werden sie von 650.000 Lehrern wärmstens in Empfang genommen, garantieren ihnen doch die lieben Kleinen (und auch die Größeren) ihren Arbeitsplatz. Die Zahl die-ser »Arbeitsplatzgeber« wird in den nächsten Jahren um eine weitere Million anwachsen.

Bei diesem gigantischen Unternehmen lautet meine

zentrale Frage, ob »Schule« fähig ist, im Zuge der Globalisierung, Individualisierung und Flexibilisierung den Anforderungen der explodierenden Dienst-, Wissens- und Kommunikationsgesellschaft **demokratisch** gerecht zu werden. Diese zentrale Frage möchte ich klar verneinen. »Wir sind auf den Lorbeeren von Fröbel, Diesterweg, Humboldt und Kerschensteiner eingeschlafen,« schreibt Ingo Richter.

Die Demokratie im alten Schulgemäuer weiterzuentwickeln sahen nur wenige Bildungsbürokraten und Politiker als notwendig an. Diese wenigen aber haben die Zeichen der Zeit erkannt. Es ist höchste Zeit, sich vom obrigkeitsstaatlichen Untertan zum selbstbewussten Citoyen zu entwickeln. Denn was wir heute an demokratischer Schulreform leisten, wirkt nachhaltig auf die nächste Generation. Wir dürfen nicht so leben, dass wir die (geistigen und alle anderen) Ressourcen der Zukunftsgeneration beschneiden oder verbrauchen. Wir müssen heute so leben und deshalb heute Mittel bereitstellen, dass die Jugend später einmal nicht unter unserem heutigen Lebensstandard leben muss. Sonst kündigen wir den Generationsvertrag einseitig. Wir halten den Vertrag nicht zuletzt ein, weil wir erhoffen, dass unsere Jugend ihrerseits einmal denselben Vertrag erfüllt.

John Holt, der amerikanische Schulkritiker, meint: »Schulen gehören meines Erachtens zu den antidemokratischsten, autoritärsten, zerstörerischsten und gefährlichsten Institutionen der modernen Gesellschaft. Keine andere Institution fügt mehr Menschen einen größeren oder länger anhaltenden Schaden zu und macht so viel von ihrer Neugier, ihrer Unabhängigkeit, ihrem Vertrauen, ihrer Würde und ihrem Identitäts- oder Wertgefühl zunichte wie die Schule.«

Ich bin mir nicht sicher, ob Holt mit diesem Pauschalurteil wirklich Recht hat. Doch eines trifft voll zu: Wir leisten uns in einem wirtschaftlich und intellektuell hochdramatischen Prozess ein bräsiges Schulsystem aus der **vordemokratischen Kaiserzeit.** Am ehesten erinnert es noch an die Unfehlbarkeitsdoktrin des Papstes samt der undemokratischen Hierarchie in der katholischen Kirche. Moderne Managementinstrumente wie TQM (Total Quality Management) mit seinen vier Bausteinen 1. Zielgerichtete Führung, 2. Kundenorientierung, 3. Null-Fehler-Programm und 4. Kontinuierliche Weiterbildung verhungern meist vor den Schultoren, obwohl sogar die öffentliche Verwaltung bei entsprechendem politischen Willen kundennah und leistungsorientiert organisiert werden kann. Das zeigt jedenfalls das Beispiel im Kanton Zürich.

Die Schule als lernende Organisation zu begreifen, die professionell mit den durch Angst verhinderten Veränderungen umgeht, fällt wohl den meisten Lehrern mehr als schwer. Peter Senge nennt in seinem Bestseller »Die fünfte Disziplin« fünf Faktoren, die eine lernende Organisation – ich möchte sie »demokratisch« nennen – ermöglichen und voraussetzen: 1. Individuelle Weiterentwicklung, 2. Veränderung der Denkmodelle (Paradigmen), 3. Gemeinsame Visionen, 4. Konstruktive Gruppenkommunikation, 5. Denken in Systemen. Es gibt viele Schulen, in denen kein einziger dieser Faktoren auch nur angedacht wird.

Demokratisierung der Schule heißt sicher nicht nur, die Mitspracherechte des Schülersprechers zu steigern. Es heißt auch nicht nur, die kollegiale Schulleitung (wie z.B. in Berlin) durchzusetzen. »Kollegiale Schulleitung« bedeutet, dass der Schulleiter nicht der Dienstvorgesetzte der Lehrer (Dienstaufsicht) ist, das ist der Schulrat. Der Schulleiter hat lediglich die Fachaufsicht und wird von der Schulkonferenz, also von Lehrern, Eltern und Schülern gewählt.

»Das Bildungswesen hat mit der Entwicklung der Wissensgesellschaft nicht Schritt gehalten. Die Lehrpläne bilden das heutige Wissen nicht angemessen ab und eröffnen keinen Zugang zum zukünftigen Wissen. Die Lernenden lernen deshalb notgedrungen für die Schule und nicht für das Leben und verlassen das Bildungswesen im wahrsten Sinne des Wortes un-gebildet.« (Ingo Richter) Unsere Kinder lernen also in der Schule wenig für und über ihr Leben, sondern sie lernen primär, in der Schule zu über-le-ben. Lehrplanfixiertes Lernen könnte durch die Demo-kratisierung der Bildung verändert werden. Demokrati-sierung heißt dabei nicht mehr und nicht weniger, als Form und Inhalt der Bildung vertrauensvoll in die Hand des **Citoyen** zu legen und der Subjekthaftigkeit des Ler-nens und der pluralistischen Gesellschaft Raum zu geben.

An persönlichen Kompetenzen muss ein moderner Ar-beitnehmer in einem halbwegs gut bezahlten Job heute und in Zukunft (in seinem zweiten oder dritten Job) über mindestens die folgenden Schlüsselqualifikationen verfü-gen, die ein modernes Bildungswesen in den Mittelpunkt zu stellen hat: Selbstbewusstsein, Selbstorganisation und Selbstverantwortung. Weiterhin wären zu nennen: Kom-munikationsfähigkeit, Belastbarkeit, Wissensmanage-ment[19], Lernbereitschaft, Flexibilität, Toleranz, Team-fähigkeit, Eigeninitiative, Kreativität und Konfliktfähig-keit. Konkrete und wichtige Lehrinhalte und Ziele eines modernen Unterrichts wären neben den traditionellen Fächern auch Gewalt- und Drogenprophylaxe, Informa-tik bzw. Multimediaerziehung, Gesundheitserziehung, Friedenserziehung, Verkehrserziehung, Familienerzie-hung, Europakompetenz und Sektenwesen. Der Streit darüber, wie genau Schlüsselqualifikationen zu definieren sind und in welcher Weise sie zu Lehrinhalten werden können, geht heftig durch die Reihen der Bildungsplaner, Wirtschaftsverbände und Lehrer.

---

[19] ich verstehe darunter die Fähigkeit zur Entscheidung, entweder sich Wissen anzueignen oder sich das nicht Gewusste auf dem geeigneten Weg zu holen

Natürlich sind viele der genannten Themen auch in heutigen staatlichen Lehrplänen oder sogar als Zeugnisnote vertreten, aber es kommt auf ihren Stellenwert an und darauf, wie sie vermittelt werden: lehrplanmäßig fremdbestimmt oder subjekthaft und selbstbestimmt. Und darauf, wie Lehrplaninhalte zustande kommen: in einem demokratischen Willensbildungsprozess oder zentralistisch, d.h. Lehrern, Schülern und Eltern von einer Rahmenplankommission aufs Auge gedrückt.

Es kommt auch darauf an, wie solche Schlüsselqualifikationen bewertet werden. Es nützt z.B. nur wenig, wenn Hessen das Arbeits- und Sozialverhalten[20] seiner Schüler – leider allerdings nur bis zur Mittelstufe und nur mit Hinweis auf die zunehmende Bedeutung in der Berufswelt – im Zeugnis notenmäßig erfasst, dann aber von diesen Noten kein weiterer Vorteil entspringt. Warum könnten diese Noten – auch für Abiturienten – nicht sehr ernst genommen werden, und als Bonus bei der Studienplatzvergabe oder an Berufsfachschulen angerechnet werden? Wir wollen empathische und sozial verantwortliche Schüler, teilen ihnen aber subkutan mit, dass es uns damit doch nicht so ernst ist, Hauptsache sie bringen volle intellektuelle Leistung in den Fächern. Und wir glauben obendrein, dass die Jugendlichen dieses Paradoxon nicht bemerken.

3.2. Markt und manche Möglichkeit

Schulpflicht verhindert eine marktgerechte Schule. Wir leisten uns ein Schulsystem, das – föderal auf bananenrepublikanische Größe gestutzt – nicht nur an den Vatikan, sondern auch an die **zentrale Planwirtschaft** in der Sowjet-

---

[20] statt der traditionellen Kategorien Betragen, Aufmerksamkeit, Ordnung und Fleiß

union erinnert, und keinesfalls an ein am **Markt** orientiertes Instrument. Im STERN 50/99 bringt es Gerhard Sossnierz aus Detmold auf den betriebswirtschaftlichen Punkt: »Wäre das Schulsystem ein Wirtschaftsbetrieb, der die Waren Bildung, politisches und gesellschaftliches Bewusstsein, soziale Kompetenz und Verantwortung herstellt, hätte man den Betrieb aufgrund der ungenügenden Qualität schon längst eingestellt.«

Gesamtgesellschaftlich findet eine Marktverschiebung statt, auf die Schule kaum oder zu spät reagiert. Jahrtausendelang wurden die Gesellschaften sämtlicher Kulturräume dieser Erde durch die Weisheit der Alten gelenkt (Gerontokratie). Mit der Schulbildung erlangte die mittlere Generation der Eltern für Jahrhunderte Macht (Parentokratie). Im Augenblick beobachten wir einen Prozess, bei dem Wissen, Fähigkeiten und Fertigkeiten immer stärker auf Jugendliche und junge Erwachsene übergehen und die Erlangung dieser Kompetenzen immer mehr von neutralen Informationsnetzwerken bestimmt wird, statt – beispielsweise in den Schulen – von der Elterngeneration. Wenn diese junge Elite umfassende wirtschaftliche[21] und politische Macht erlangt, können wir von »Infantokratie« sprechen. Die Elterngeneration (viele Lehrer beispielsweise) verschläft diesen Revolutionsprozess.

In den Berufsschulen werden Schüler teilweise auf eine Berufsarbeit vorbereitet, in die sie nie eintreten werden. Aber »sie lernen nicht, wie sie in einer Welt ohne Arbeit überleben können« (Ingo Richter). In dieser Welt ohne Arbeit werden aber der »zweite Arbeitsmarkt« – die tariflich ungebundene und unterbezahlte Arbeit in Marktnischen – sowie der »dritte Arbeitsmarkt« – die freiwillige ehrenamtliche Tätigkeit – eine erhebliche Rolle spielen.

---

[21] Auch wenn jedes siebte Kind in Armut lebt, verfügt die junge Generation über immense Kaufkraft und wird obendrein in den nächsten drei Dekaden jährlich 500 Milliarden DM erben.

Einerseits haben wir jugendliche Arbeitslose, mit denen wir nicht wissen wohin. Andererseits müssen wir zehntausende Computerexperten aus dem Ausland (z.B. aus Indien oder Russland) per »Greencard« befristet einwandern lassen, weil es unsere Bildungsplaner sträflich verabsäumt haben, Schule, Umschulung und Hochschule auf diesen Boom vorzubereiten. Da ist es schon reine Chuzpe, wenn der CDU-Mann Jürgen Rüttgers zum NRW-Wahlkampf im März 2000 populistisch und reimstark erklärte: »Kinder statt Inder!«[22] War es doch zum größten Teil seine eigene Partei, die den neuen Bildungstrend verschlafen hat und für die Zuwanderung von Indern und Russen verantwortlich ist. Man erinnert sich noch gut, welches Amt Rüttgers in der Regierung Kohl bekleidete[23].

Es sieht so aus, dass Bildungsplaner immer nur bis zu dem Horizont planen können, den sie sich selbst erarbeitet haben. Keiner der hoch bezahlten Bildungsplaner in den Ministerien oder der Bundesanstalt für Arbeit bzw. der Minister selbst wird übrigens aufgrund dieser Fehlplanung zur (politischen) Verantwortung gezogen.

Was könnten wir aus diesem Desaster für die Zukunft lernen? Der klassische Beruf als Lebensstellung ist out. Der Markt für minder qualifizierte Aushilfsjobs bricht weg. In zehn Jahren wird jeder fünfte Deutsche im zweiten Arbeitsmarkt als spezialisierter Fachmann ohne Daueranstellung arbeiten und quasi von Auftrag zu Auftrag gleiten. Der dritte Arbeitsmarkt bietet Arbeitslosen sinnvolle Beschäftigung im ehrenamtlichen und Freizeitbereich. Wir brauchen also Menschen, die außerordentlich flexibel, anpassungsfähig und lernfähig sind. Im Augenblick müssten wir Schüler für den kommenden zweiten und dritten Arbeitsmarkt fitmachen, z.B. für E-commerce

---

[22] Später milderte er den ausländerfeindlichen Slogan etwas ab.
[23] Rüttgers war selbst Minister für Forschung und Technologie!

im Internet oder Nischenservice. Wir müssen ihre Selbständigkeit und Initiative, ihre Flexibilität und Praxisfreu-
de stärken. Die Schulen und andere Träger sind mit ganz
neuen Konzepten gefordert. Noch tut sich da im staatlichen Schulwesen aber wenig.

Peter Struck schreibt dazu: »Am besten wäre die Schule für das nächste Jahrhundert gerüstet, wenn sie sich aus
den bürokratischen und zentralistischen Fesseln befreien
könnte. Schulen müssen in einen Wettbewerb treten, damit sie besser, also leistungsfähiger werden.« Unter einer
marktgerechten Schule verstehe ich eine nicht zentralistisch verwaltete Institution, die den Gesetzen von Angebot und Nachfrage (unter einer demokratischen Verfas-
sung) folgt. Ich meine eine Schule, die die Unterschiede
und Interessen, die Schwächen und Stärken nicht markt-
feindlich weghobelt und staatlich-zentralistisch-föderali-
stisch nivelliert, sondern Lernräume für die partikularisti-
schen Lebensentwürfe und Visionen einer pluralistischen
Gesellschaft bereithält. Wenn in einer Stadt Hochbegabte,
Musiker oder Chemiker eine Schule aufmachen möchten,
oder Baptisten, Alternativler und Islamisten, dann sollte
ihnen das im Prinzip möglich sein. Die Schulen stehen
dann im Wettbewerb zueinander. Und nur das System
wird überleben, das von Eltern und Kindern gewünscht
wird. Und die Schüler und Eltern werden das System
wählen, das ihnen die Erfüllung ihres Lebensentwurfs ermöglicht.

In der Schule der Zukunft sollte sich sowohl an den Bedürfnissen des Marktes orientiert werden, aber auch an
den Prinzipien der Demokratie. Zu frühes und zu einseiti-
ges Spezialwissen für einen bestimmten z.B. industriellen
oder religiösen Bedarf muss im Interesse einer breiten Allgemeinbildung (durch einen festgelegten Allgemeinbildungskatalog) verhindert werden. Der Aufbau von teuren
Eliteschulen muss dadurch unterbunden werden, dass der
Staat alle Privatschulen gleichermaßen, wie z.B. in den

Niederlanden, fördert. Schulgeld darf nur bis zu einer festgelegten Höhe eingenommen werden.

Mit Marktorientierung meine ich selbstverständlich nicht, dass die Schule als bedingungslos dem Kapital unterworfener Freiraum zu betrachten sei. Schulsponsoring ist jedoch grundsätzlich zu begrüßen. Über Fördervereine läuft Schulsponsoring seit längerem auch bei uns bereits auf einigen Touren. So beispielsweise, wenn in einer Sonderschule ein Sozialpädagoge angestellt wird, der von einem Förderverein bezahlt wird.

Im Sinne der sozialen Marktwirtschaft wäre aber andererseits das momentane Bestreben der Firma Coca-Cola in den USA, nämlich ausschließlich Schulen ganzer Bezirke oder sogar Staaten zu sponsorn, inakzeptabel. Schule muss zum Schutz der Kinder ein werbefreier Raum bleiben, auch wenn dort Cola- neben Zucker-bomben-Automaten stehen dürfen. Dagegen ist das Angebot der Telekom vom Februar 2000, alle deutschen Schulen kostenlos ans Internet zu schalten akzeptabel, weil damit keine direkte Werbung verbunden ist – auch wenn sich die Schüler an die entsprechende Software »gewöhnen« könnten. Vielleicht findet sich ja ein weiterer Provider, der den Schulen das Gleiche anbietet. Der Konkurrent AOL hat im Gegenzug im Februar 2000 schon mal sämtliche Lehrer kostenlos ans Netz gelassen. Gewiss nicht der letzte Marketingschachzug der Medientitanen.

Marktorientierung heißt auch zu überprüfen, ob angebotene Ausbildungsgänge vom Markt wirklich nachgefragt werden oder ob nicht Gelder in Schulen verschleudert werden, die gar nicht mehr gefragt bzw. notwendig sind. So leisten wir uns mit unserer Manie zur Schulpflicht in der Berufsschule einen erstaunlichen und höchst teuren Luxus. Wir »beschulen« in sog. Praktikantenklassen 16- bis 17-Jährige, die ein Jahr Vorpraktikum machen und dafür an drei Tagen in der Woche in einem Kindergarten oder in anderen Arbeitsstellen tätig sind. Oft sind diese Schülerinnen wenig motiviert und würden lieber ganz in ihren Kindergärten »richtig« arbeiten. Trotzdem kommen sie wegen des Schulzwangs zwei Tage pro Woche in die Berufsschule, wo sie zwar durchaus sinnvolle Unterrichtsinhalte lernen, die sie aber in ihrer Erzieherausbildung sowieso lernen werden. Und dann kommt das Beste: eine dieser Schülerinnen wird 18 Jahre alt, womit die Schulpflicht erfüllt ist. Also verlässt sie spätestens zum Halbjahr einfach flotten Schrittes den ach so wertvollen Unterricht!

Nur damit pro forma die (Berufs-)Schulpflicht erfüllt wird, läuft also ein riesiger und kostenintensiver Apparat an. So werden teure Lehrer bezahlt, die z.B. eine Unzahl von Klassenarbeiten für das Abschlusszeugnis schreiben lassen. Bloß sind nur wenige Schüler auf die Noten dieses Zeugnisses angewiesen, da die meisten bereits die Mittlere Reife und überwiegend auch einen Ausbildungsvertrag in der Tasche haben.

Diese Schüler könnten doch z.B. einfach einen oder sogar zwei Tage zu Hause bleiben und – entsetzlicher Gedanke! – schamlos faulenzen. Oder sie könnten gegen ein weiteres kleines Entgelt fünf ganze Tage im Betrieb arbeiten. Dort würde sie ein Träger oder ein Betrieb zu Trainingsgruppen zusammenfassen und ihnen unmittelbar für diesen Betrieb praxisbezogenes Wissen vermitteln. Schüler dagegen, die es nötig hätten, könnten sich freiwillig an der Berufsschule melden, um in besser motivierten Klassen zu lernen. So beispielsweise, wenn Schüler eine Notenverbesserung brauchen, um doch noch zur Erzieherausbildung zugelassen zu werden.

Wem nützt der sinnlose Zwang schlussendlich? Wohl nur dem ruhigen Gewissen der Bildungsplaner und Bürokraten! Vermutlich denken sie aber auch, dass es den Anfängen zu wehren gelte. Denn wer an solchen Schwachstellen die Schulpflicht außer Kraft setzte, würde weitere

Begehrlichkeiten in Richtung Abschaffen der Schulpflicht wecken.

Post, Bahn und Lufthansa gingen zu Recht den Weg in die Privatisierung – weil damit Geld zu verdienen war. Unser Schulsystem aber bleibt im Griff der beamteten Kultusbürokratie hängen und wird nicht privatisiert. Warum dies? Die Antwort ist simpel: Hier ist kein Geld zu verdienen! Gäbe es was zu verdienen, hätte sich bestimmt eine knallharte Lobby für die Schul-AG starkgemacht. Und die Schulen längst übernommen. Die einzige Lobby (das Wort verbietet sich fast), die für eine Privatisierung oder auch nur Liberalisierung der Schulgesetze kämpft, sind Privatschulen wie die Anthroposophen mit ihren Waldorf-Schulen, ein paar übrig gebliebene Kinderladen-(Groß)eltern und sonstige Träumer unterschiedlichster Provenienz (siehe auch Kapitel 9). Sie wollen gerne Schulen betreiben, obwohl nichts zu verdienen ist.

Die Schulen der Zukunft werden sehr unterschiedlich von den jetzigen sein, mit verschiedenen Schwerpunkten und Charakterzügen. In Großregionen werden wir Sport- oder Musikgymnasien haben, es wird Schulen für Hochbegabte geben und solche für Mathematik oder Sprachen. Einige werden sich schwerpunktmäßig dem Theater widmen, andere werden ein breitgestreutes Normalangebot bieten. Es wird neben den dominierenden Staatsschulen auch vermehrt religiöse Schulen oder Montessorischulen geben, und die Waldorfpädagogik wird nicht länger ein ungeduldig geduldetes Schattendasein fristen müssen. Denkbar ist auch ein einer Universität vorgeschaltetes und von ihr betriebenes Gymnasium. Ebenso kann ein Großunternehmen, z.B. VW, SAP oder BASF, zu einem heute noch unerhörten Sakrileg schreiten und ein Technisches Gymnasium oder der DFB ein Fußballinternat mitbetreiben. Aber alle Schulen müssen mindestens in der Basisausstattung gleichermaßen und vollständig vom Staat finanziert werden.

Die methodische Vielfalt des Lernens wird uns überraschen: offener Unterricht, Projektunterricht, Epochalunterricht, gestaltete Umwelt, Jenaplan-Lernen mit jahrgangsübergreifenden Klassen usw. usf. Die sowieso schon engagierten Lehrer werden ein so weites Arbeitsfeld wie nie zuvor haben. Die seit alters her Fußlahmen oder viele der in vergeblichem Reformbemühen verschlissenen Pädagogen werden Schwierigkeiten haben, sich der neuen Zeit anzupassen. Hier liegt ein reiches Arbeitsfeld für kompetente Schulleiter!

Die Marktgesetze, insbesondere der Wettbewerb, verlangen eine Kundenorientierung, d.h. eine Orientierung an den Zukunftschancen in Uni und Beruf sowie an Elternwillen und Schülerinteressen. Ohne Konkurrenz trabt der Amtsschimmel träge weiter. Ohne Konkurrenzdruck muss jede Organisation auf anderem Wege versuchen, hochmotivierte MitarbeiterInnen zu gewinnen, z.B. durch sorgfältige Personalauswahl, Schulungen oder kleine Leistungsanreize. So experimentiert z.B. Baden-Württemberg augenblicklich mit sog »Leistungsstufen«, also Gehaltszuschlägen, die über die Schule nach bestimmten Leistungen verteilt werden. Trotzdem bleibt der Erfolg im Prinzip eher mäßig, da es keinen grundsätzlichen Wettbewerb zwischen den Schulen gibt, ein Wettbewerb, der permanente Impulse zur Kundenorientierung ausstrahlt. Der Staatssozialismus ist nicht zuletzt daran gescheitert, dass er keine Kunden kannte.

Schauen wir uns nur einmal an, wer in der Welt die Patente einreicht. Die Deutschen mit ihrer grandiosen Schulpflicht sind es nicht! Sie hängen auf Mittelplätzen rum und das auch nur dank des Erfindungsreichtums der süddeutschen Länder. Die Nobelpreise machen merkwürdigerweise meist einen großen Bogen um Deutschland. Blitzt in der Nobelpreisliste mal ein deutscher Name auf, dann hat der Namensträger fast gewiss seine Forschungen im Ausland, vorzugsweise in den USA, gemacht.

Aber auch weit unterhalb der Ebene von Globalisierung erfahren wir Schule als nicht marktgerecht, und wir als Eltern werden nicht als Kunden eines Dienstleistungsunternehmen behandelt. Eher wie Bittsteller, die man nicht fürchten muss, solange sie nicht unangenehm werden (dauerndes Meckern, Unterrichtsbesuch, Schulrat, Presse, Demonstration). Aber wer macht das schon? Das wirkungsvollste Mittel gegen Elternwünsche ist bekanntlich das Aussitzen.

In den ersten Schuljahren unserer Tochter haben wir es erlebt, dass eine Schule (genauer natürlich die Schulleitung) nicht in der Lage war, den Stundenplan zumindest eine Woche vor Schulbeginn bekannt zu geben, damit meine Frau ihre Patienten in der Praxis professionell einteilen konnte. Ebenso war es oft nicht möglich, über ausfallende Stunden rechtzeitig informiert zu werden. Da wurde sogar die Aufsichtspflicht gröblich vernachlässigt. Auch von Lehrerausflügen, Pädagogischen Tagen, Sportfesten u.a., die oft monatelange Vorlaufzeiten hatten, erfuhren wir grundsätzlich in letzter Minute[24].

Mehrere Gespräche mit Schulleitung und Klassenlehrerin zeitigten keinen Erfolg. Immer wieder standen wir vor schwierigen Situationen, die auch Geldverlust bedeuteten. Geldverlust für uns, den Kunden, natürlich nicht für die Schule! Dieses System Schule hatte noch nicht begriffen, dass es auch Mittelschicht-Mütter gab, die arbeiteten. Es hatte immer noch die ewige Mutti mit Kittelschürze am Herd im Kopf.

Staatsschulen halten sich auch noch untereinander die Konkurrenz vom Leib: durch die kundenunfreundliche kategorische Einteilung nach **Wohnbezirken**, aufgrund derer in die Grundschulen eingeschult wird. Mit diesem Instrument verhindert der Staat die Konkurrenz zwischen

---

[24] Einmal wurde uns der Pädagogische Tag am 3.4. am 27.3. angekündigt.

den Schulen. Übrigens hat die Einteilung in Wohnbezirke dieselbe Wirkung wie Geld. Kein Kind aus einem Arbeiterwohnbezirk kann von seinen Eltern heute in einem bürgerlichen Wohnbezirk angemeldet werden. Mit der Abschaffung der Schulpflicht würde zumindest für die freien Träger (Privatschulen) – wie heute bereits auch schon – die Einteilung in Wohnbezirke wegfallen. Kinder bzw. ihre Eltern aus benachteiligten Wohnbezirken könnten ihre Schule frei wählen, wenn sie bereit sind, längere Fahrwege in Kauf zu nehmen. Heute aber kann kein Elternteil überhaupt nur daran denken, z.B. sein Kind einem aggressiven Schulklima zu entziehen und in einem ruhigeren Bezirk anzumelden.

Wir schicken unsere Tochter auf ein katholisches Privatgymnasium, obwohl wir selbst keiner Kirche angehören. Wir haben eine Schule ausgesucht, die einen kinder-, lern- und leistungsfreundlichen Gesamtcharakter ausstrahlt und uns als Eltern und Kunden ernst nimmt. Wichtig war uns dabei auch, in wie weit die Schule von Brutalität, Aggression oder Drogen betroffen ist und welches Konzept von Pädagogik die Lehrer haben.

Ich wüsste nicht, warum ich meiner Tochter nicht das positivere Klima einer Privatschule ermöglichen sollte. Ich befinde mich da übrigens in guter Gesellschaft, schicken doch vermehrt Eltern ihre Kinder sogar in ausländische Internate, um sie vor den Folgen der Schulpflicht zu bewahren. Sind dadurch die Chancen eines einzigen anderen Kindes vermindert, wenn diese Eltern vermeiden, ihre Kinder in eine oft brutale und mediokre Umgebung zu schicken? Ich denke nicht. Im Gegenteil: je mehr Eltern sich gegen die Staatsschule auflehnen, desto eher muss der schwerfällige Riese Staat reagieren und Abhilfe für das Chaos im Staatsschulwesen schaffen. Das dient allen Kindern. Den geförderten und nicht geförderten, den klugen und den leistungsschwachen oder verhaltensgestörten. Und was wollen wir mehr?

4. SCHULPFLICHT BIETET KEINE GLEICHEN CHANCEN

4. fatale Folge: Schulpflicht macht gleich, aber bietet keineswegs allen die gleiche Chance. Nach dem Krieg verschlief die Bundesrepublik – trotz Bildungskatastrophe und einiger Reformen – den Anschluss an ein bürgernahes, modernes Schulsystem. Die heiß umkämpfte Gesamtschule hat nicht die Ufer erreichen helfen, zu denen sie einst aufgebrochen ist. Und die Berufsschulen betreiben oft fehlplatzierte Sozial- statt Berufsbildungs-Politik. Schule insgesamt versäumt es, wichtige Erkenntnisse der Lernpsychologie und Neurobiologie zu verarbeiten. Schulpflicht erreicht, dass den gestörten und unterprivilegierten Kindern ebenso wenig geholfen wird wie den Begabten und Hochbegabten. Es gab und gibt keine Chancengleichheit. Was bleibt ist das krude Mittelmaß.

4.1. Kein Ausweg aus dem Bildungsnotstand

Ein Adler, ein Affe, ein Elefant und ein Delphin sollen in das Wasser einer Meeresbucht tauchen und einen untergegangenen Ring holen. Es herrscht Chancengleichheit, da alle die gleichen Informationen haben, alle gleich früh starten und jeder einen Schnorchel bekommen hat. Doch trotz dieser scheinbaren Chancengleichheit hat nicht jeder die gleichen Chancen.

Die Bildung seiner Bürger ist der Reichtum eines jeden Staates. Deshalb ist der Weg des Bildungserwerbs durch die Schulpflicht juristisch gut abgesichert und gegen Kritik abgeschirmt. Bisher konnte der Staat alle Kritik von streitlustigen Zeitgenossen relativ problemlos zurückweisen, war doch sein Schulsystem im Prinzip von allen zentralistisch denkenden gesellschaftlichen Kräften akzeptiert. Insbesondere die Wirtschaft war mit der Leistung des Systems prinzipiell zufrieden. Aber auch die Kirchen, großenteils die Parteien und bis zu einem gewissen Grad auch die eher linksorientierten Gewerkschaften waren mit der Schulpflicht zufrieden. Nur an der Einführung der Gesamtschule in den siebziger Jahren brach der Konsens auf.

Nach dem zweiten Weltkrieg knüpfte Deutschland wieder sowohl am Staatsschulwesen als auch am kleinen Pflänzchen der Reformschulen an. Die Bonner Republik führte von den Besetzungsmächten ungestört das als bewährt betrachtete dreigliedrige Schulsystem fort, obwohl die USA eigentlich das deutsche Schulsystem mitverantwortlich für den Hitlerfaschismus gemacht hatten. Das Reeducation-Programm der Amerikaner hatte wegen des beginnenden Kalten Krieges darauf verzichtet, mühsam die amerikanische Einheitsschule einzuführen.

In der DDR dagegen etablierte sich nach 1949 unter sowjetischem Einfluss die Einheitsschule mit einer starken Betonung auf dem polytechnischen Unterricht. West-Berlin hielt mit der Arbeitslehre tapfer dagegen. Trotz der riesigen ideologischen Differenzen waren beide deutschen Schulsysteme preußisch-zentralistisch organisiert.

In der westdeutschen Bildungspolitik, die den Prozess der Verstaatlichung der Bildung zu einem gewissen Ende führte, wurden über Jahrzehnte zahlreiche und heftige Glaubenskriege geführt. Erinnert sei nur an die Auseinandersetzung um die öffentlichen Kindergärten, die Konfessionsschule, das duale System in der Berufsausbildung oder neben der Gesamtschule auch an die Gesamthochschule. Im Augenblick sind wir von solchen heftigen, ideologisch gefütterten Bildungskämpfen weit entfernt, eher könnten wir heute von tiefem Bildungsschlaf sprechen. Doch damals wie heute pochen harte Realitäten an die Türen der Schläfer.

Die fortschreitende Industrialisierung verlangte in den sechziger Jahren mit rasantem Schwung neue Ausbildungswege und -konzepte. Darauf waren z.B. die USA mit ihrem von John Dewey geprägten Schulsystem besser eingerichtet als die BRD. Gleichzeitig war die Welt vom Kalten Krieg und dem Wettrüsten beherrscht. Die Sowjetunion versuchte verzweifelt, die kapitalistischen Länder industriell zu überholen. Besonders – wie wir heute wissen – mit menschenverachtenden Sicherheitsstandards im Bereich der Raumfahrt. In diese sozioökonomische Situation platzte 1957 die Bombe: Die Sowjetunion hatte mit dem Sputnik in der Umlaufbahn um die Erde und seinem charakteristischen »Piep, piep, piep« aus allen Kofferradios offensichtlich die westliche Welt abgehängt. Jedenfalls wurde der Sputnik als ein Zeichen für den fortgeschrittenen technischen Ausbildungsstand in der Sowjetunion genommen.

Dieser »Sputnikschock« beschleunigte den bereits in Gang befindlichen Prozess der Modernisierung des Bildungswesens zunächst in den USA. So erhielten die amerikanischen Schulen erst einmal eine verbesserte technische Ausrüstung, mehr Mittel und besser ausgebildete Lehrer. Viele Entwicklungsländer aber waren vom Erfolg des sowjetischen Bildungssystem fasziniert und näherten sich in der einen oder anderen Form der Philosophie des Marxismus-Leninismus und/oder dem sowjetischen Erziehungsmodell an.

In der BRD dauerte das – wie immer – alles etwas länger. Erst nachdem der Bildungsreformer Georg Picht 1964 den **Bildungsnotstand** ausgerufen hatte und unter dem Einfluss der Studentenbewegung, wurden in den siebziger Jahren verschiedene Strukturreformen durchgeführt, insbesondere Änderungen am dreigliedrigen Schulsystem. Die Einführung der Gesamtschulen war der wohl wichtigste Faktor.

Und überall tobte der Kampf um die verwissenschaftlichte Curriculumentwicklung und Lehrerbildung. Ein wichtiger Punkt der Bildungsreform war auch die Einrichtung der Fachhochschulen (FHS) oder auch der Berufsakademien. Dagegen stand im Glaubenskrieg das Konzept der Gesamthochschule.

Die Hauptschule befindet sich seit ihrer Gründung aus der ziemlich anspruchslosen Oberstufe der Volksschule (1964) wohl eher auf dem absteigenden Ast. 1960 besuchten noch 59% der Dreizehn- und Vierzehnjährigen die »Hauptschule«, 1990 waren es nur noch 31%. Das Gymnasium hat ständig steigende Schülerzahlen zu verzeichnen. 1887 besuchten 5% der vierzehnjährigen Jungen ein Gymnasium, 1969 waren es kaum mehr, nämlich 6,1% der Mädchen und Jungen und heute sind es knapp 40% (1996 36,5%). In Hamburg machen insgesamt 37% eines Jahrgangs das Abitur (inklusive Fachabitur), in Bayern dagegen sind es nur 18%. Das Abitur ist damit nicht mehr als Eintrittskarte in den akademischen Zirkus zu verstehen, sondern als Bildungsnahrung für ein langes Leben.

Die Bildungsdiskussion der letzten Jahrzehnte wurde allerdings zu sehr von einem Thema beherrscht: der **Gesamtschule**. Den einen war sie leuchtende Fackel der Chancengleichheit, den anderen Weg zum Untergang des Abendlands. Gesamtschule galt als systemsprengend, was sie sicher nicht ist. Andere Staaten wie z.B. die USA oder Schweden führen ihr Schulwesen durchaus erfolgreich nach dem Gesamtschulkonzept.

In Europa sind es übrigens nur vier Staaten, die – wie wir – den Sekundarbereich dreigliedrig aufgefächert fortführen, nämlich die sprachverwandten Länder Österreich, Luxemburg und Liechtenstein. Dagegen führen einige Staaten (Skandinavien und Portugal) ihr Schulwesen sogar als **Einheitsschule,** d.h. es wird nicht zwischen dem Primar- und Sekundarbereich I unterschieden.

Mit der Einführung der Gesamtschulen sollte die Dreigliederung des Schulwesens aufgehoben werden. Allerdings haben sich die meist sozialdemokratischen Bildungsplaner und -politiker dabei verhoben: genauer gesagt, verhoben haben sie sich an der Schwerfälligkeit und Dominanz der schulpolitischen Elitetradition, aber auch an ihrem eigenen Glauben, dass die Gesamtschule das Beste für die eigenen Kinder sei. Es ist ein offenes Geheimnis, dass die Kinder der GEW-Gewerkschaftsbosse nicht überproportional die Gesamtschule, sondern die traditionellen Gymnasien besuchen. Machen Sie einen Test und fragen Sie bei der Lehrergewerkschaft nach, egal auf welcher Ebene!

Gesamtschule wollte mit dem großen sozialpolitischen Hobel, das Ziel der Chancengleichheit für jedermann im Auge, alles gleichmachen, aber bot nicht jedem die gleichen Chancen, nämlich den besonders guten und den besonders schlechten Schülern nicht. Die (eher edelproletarischen oder bürgerlichen) sehr guten Schüler oder gar Hochbegabten versauerten in Unterforderung, Stress und Streit eines stark proletarischen Umfelds. Die Minderbemittelten und Versager aber blieben mehr oder weniger hilflos im System Schule stecken und wurden an die Sonderschulen ausgesiedelt, statt ausreichend sozialpädagogisch gefördert werden zu können. Maßstab der Gesamtschule war und ist das Mittelmaß.

»Gesamtschulen weisen eine höhere Gewalt- und Kriminalitätsrate auf als andere Schulen, der Drogenkonsum ist höher und die Rücksichtslosigkeit größer, dafür aber sind die Leistungen in Deutsch und Mathematik geringer. Und auch die Hoffnung, dass die Unterlegenheit im Intellektuellen durch die Überlegenheit in sozialer Kompetenz ausgeglichen wird, hat sich nachweislich nicht erfüllt.«

schreibt dazu trocken der emeritierte Anglistik-Professor und Schulkritiker Dietrich Schwanitz.[25]

Auch die gut ausgebaute **Berufsausbildung** hat in punkto Chancengleichheit nichts vorzuweisen. Als Kernstück der Berufsausbildung in Deutschland gilt immer noch das so genannte »duale System«, das den etwas kürzeren theoretischen Unterricht in der Berufsschule mit der praktischen Unterweisung und Tätigkeit am Arbeitsplatz kombiniert. In den Betrieben liegt die Ausbildung in der Hand der bewährten Meister und Ausbilder, die im Gegensatz zu vielen anderen Berufen (wie z.B. den Krankenschwestern) grundsätzlich hohen Wert auf ihre Ausbildertätigkeit legen. Doch hier werden die härtesten Kämpfe der absolut Lustlosen und Verzweifelten ausgetragen. In den Berufsschulen landen die Drop-outs, das Strandgut unserer Gesellschaft. Hier lässt sich besonders gut zeigen und sehen, wie sehr Schulpflicht die Prädikatsnote »ungenügend« verdient.

Die Berufsschule ist per Definition eine Schule, die einen beruflichen Bildungsabschluss vermittelt. Nun beherbergt die Berufsschule aber ganze Bataillone von Schülern, die keineswegs einen Berufsbildungsabschluss erreichen wollen, sondern die entweder einen Hauptschulabschluss nachmachen möchten oder wegen der Schulpflicht auf Parkstation geschoben werden. In verschiedenen länderspezifisch organisierten und benannten Schultypen werden Schüler, die ohne Hauptschulabschluss keinen Ausbildungsplatz gefunden haben, im beruflichen Schulwesen z.B. im Berufsvorbereitungsjahr (BVJ) weiterqualifiziert.

Jeder gescheiterte Schüler muss in unserem Bildungssystem »eine zweite Chance« (Ingo Richter) erhalten. Vielleicht auch eine dritte oder vierte. Angemessene Fördermaßnahmen für Problem-Schüler wie Projektlernen,

---

[25] vgl. *Bildung. Alles, was man wissen muß, Frankfurt 1999*

Improvisationstheater, Selbstsicherheitstraining, Sprach-
kurse oder Anti-Aggressivitäts-Training sind jedoch am
geeignetsten im sozialpädagogischen Umfeld durchzu-
führen.

Die Berufsschule jedenfalls ist für sozialpägagogische
Fördermaßnahmen nicht der richtige Ort, obwohl sich
hier manche gute Lehrer besonders engagieren und im
Einzelfall immer wieder auch erfreuliche Erziehungserfol-
ge erreichen helfen. Insgesamt aber ist dieser kleine Erfolg
mit dem Einsatz von Lehrern und dem gesamten Schulap-
parat zu teuer erkauft und mit zu viel psychischem Schaden auf beiden Seiten bezahlt.

Die formale Chancengleichheit hat dazu geführt, dass
wir nicht die Besten und Schwächsten ausreichend fördern, sondern das Mittelmaß. Diese beiden Gruppen haben keine gleichen Chancen in der Schule, weil das System der Schule nicht zu ihren Bedürfnissen passt. Und in
dieses nichtpassende System zwingt Schulpflicht tagtäglich unwillige Schüler. Es scheint, als müsse sich – in einer
Brecht-Variante – diese Schule neue Schüler wählen. Der
andere Weg aber, bei dem sich Schule auf ihre Schüler ein-
stellt, verlangt auch die Anerkennung sozialer Ungleich-
heit in einer pluralistischen Bildungslandschaft.

4.2. Stur lernen nach Plan

In Deutschland herrscht ein Nord-Süd-Gefälle. Im Norden sind mehr Schüler mit ihren Schulen zufrieden, dafür
lernen die Schüler im Süden mehr. Wenn wir wissen, wie
Lernen stattfindet und darüber hinaus wie es gut stattfindet, dann wissen wir auch, wie wir Lernprozesse günstig
anregen und begleiten können oder sollen. Damit haben
wir auch zu prüfen, ob die durch die Schulpflicht in die
Schule gezwängten Kinder dort überhaupt gut und indivi-

duell lernen können. Und ob ein Lehrplan ein geeignetes Instrument ist, um effektvolles und individuelles Lernen zu ermöglichen.

Die Lernforscher sagen uns, dass Kinder aufgrund der Medienwelt, in der sie aufwachsen, andersartige Neuronenvernetzungen haben als Papa und Mama und der Lehrer. Das sehen wir daran, wie Medienkids z.B. mit einer neuen Digitaluhr oder einem neuen Computerspiel umgehen. Ein bisschen gedrückt und probiert, und schon klappt's – und Papa oder Mama, mit der Anleitung in der Hand, schaut dumm aus der Wäsche.

Allerdings hat dasselbe Medienkid auch Nachteile aufzuweisen: es ist schwächer im Kopfrechnen, hat Schwierigkeiten bei der Einschätzung von Entfernungen und Geschwindigkeiten, kann schlecht rechts und links unterscheiden und ist fehlernährt oder bewegungsgestört (z.B. beim Rückwärtsgehen oder der Balance beim Fahrradfahren). 25% der Kinder im Vorschulalter sind bereits sprachgestört (40% der Drittklässler bekamen zu Hause nicht vorgelesen), und daran ändert die Schule kaum etwas. Ebenso wenig an den 20% hyperkinetischen Kindern, den sog. Zappelphilippen. Viele Kinder sind auch rechenschwach (Dyskalkulie), und bei manchen kommen mehrere Defizite zusammen.

Lernen sollte nicht nur die formal-logische linke Hirnhälfte ansprechen, sondern auch die kreative rechte Seite. Ein Grundprinzip, das die Waldorf-Pädagogik seit achtzig Jahren verfolgt und dafür meist milde belächelt wurde. Aktive Pausen, ein Stuhlkreis, Bewegung, Theaterspiel, Rollenspiele und andere Spiele und einfach alle Sinne ansprechen – das fördert Lernen. Übrigens sind Mädchen gegenüber Jungen beim Lernen im Vorteil, haben sie doch die größere Brücke (»pons«), die dicke Nervenbahnverbindung zwischen den beiden Gehirnhälften und können so emotional abgefederter und vernetzter denken.

Folgende Faktoren werden als recht gesichert betrachtet, wenn wir über die Organisation von Lernprozessen (also das »Wie« des Lernens) sprechen:

- Lernen sollte **ganzheitlich** erfolgen und frühzeitig die grundlegenden Bedürfnisse des Kindes nach Emotionalität (z.B. Freude, Sicherheit, Bestätigung), Wahrnehmung, Neugier und Bewegung berücksichtigen.

- Kinder sollten weder über- noch unterfordert, sondern durch ein – individuell verschiedenes – **mittleres Motivationsniveau** angesprochen werden.

- Lernen baut auf der kindlichen **Neugier** auf und wird durch **erstrebenswerte Handlungsziele** am Laufen gehalten.

- Lernen sollte in ganzheitliche und **spielerische** (praktische) Prozesse eingebettet sein. Spiel vermittelt Freude.

- Lernen sollte im vertrauten **Gruppenmilieu** erfolgen. Ständiger Wechsel der Gruppenmitglieder verunsichert Kinder, je jünger, desto mehr.

- Lernen findet über emotional bedeutsame und beziehungsstiftende **Kommunikation** statt. Kommunikation ist mehr als Nachrichtenübermittlung.

- Kinder nutzen ihre verschiedenen Wahrnehmungskanäle und Vernetzungen unterschiedlich. Sie entsprechen damit bestimmten **Lerntypen**, z.B. dem auditiven (hören), dem visuellen (sehen), dem taktil-kinästhetischen (hautempfindlich) oder dem vestibulären (bewegungsbetonten) Typ.

- Lehrer sollten **innerlich aufmerksam** sein, d.h. reif, engagiert, kompetent und flexibel, um die jeweilige Bedürfnis- und Motivationslage des Kindes einschätzen zu können.

Betrachten wir diesen Forderungskatalog an das Lernklima, sehen wir, dass herkömmliche Schule ihm nur bedingt gerecht wird. Wie selten wird z.B. in der Schule durch erstrebenswerte Handlungsziele motiviert! Oder das Kurssystem, auf das alle so stolz waren: es widerspricht dem Wunsch nach Geborgenheit und Vertrautheit in und mit der Gruppe.

Ein trauriges Kapitel sind bei uns die Hochbegabten. Sie werden in Musik, Mathematik oder Kunst meist in einen mediokren Bildungstrott gepfercht. Auch diese Kinder haben ein Recht darauf, ihren Anlagen und Bedürfnissen entsprechend gefördert zu werden. Falls das im Trott der Normalschule nicht möglich ist (und es ist nicht möglich, weil unnormal), warum sollten wir ihnen das wegen des abstrakten Prinzips der Chancengleichheit und/oder aus Sozialneid verwehren? Auf jeden Fall entgehen uns so viele Hochbegabungen.

Manche der »Wunderkinder« fristen ihr Leben sogar auf Sonderschulen, nicht weil sie zu dumm wären, sondern weil unsere Normalschule zu dumm ist, mit ihnen umzugehen. Kluge und hochbegabte Kinder »stören« den Unterrichtsablauf und verunsichern damit Lehrer, die ja alles wissen. Nur nicht, wie man mit Hochbegabten umgeht. Erfreulicher Weise haben das Christliche Jugenddorfwerk drei Privatschulen und der »Studienkreis« (eine Nachhilfeeinrichtung) sowie einige Universitäten Förderstunden für Hochbegabte eingerichtet.

Aber nicht nur die Hochbegabten sollte Schulpolitik gezielt fördern, sondern sie sollte auch eine gezielte Eliteförderung für spezial begabte Kinder betreiben. Noch scheuen sich die meisten Beteiligten, davon offen zu sprechen. Individuelles Lernen, das subjektorientiert sein möchte, bedeutet eben auch Begabtenförderung. Selbst im konservativen Baden-Württemberg hält dieser Gedanke eher versteckt Einzug. Da gibt es z.B. die Denk-AG an der Neuberg-Grundschule in Neckarsulm, in der besonders Begabte gefördert werden. Die jüngste OECD-Studie zeigt uns ja überdeutlich, dass wir im internationalen Maßstab unsere Begabungsreserven nicht genügend nutzen – und obendrein noch jämmerlich schlecht finanzieren.

Die Einführung von Privatschulen und die Abkehr von staatlich reglementierten Lehrplänen würde dieses Pro-

blem quasi automatisch lösen, weil Privatschulen von Eltern gewünschte »Eliteklassen« einrichten würden. So
wären z.B. Klassen oder Arbeitsgemeinschaften für Krea-
tives Schreiben, Philosophie, Astrophysik, Informatik,
Archäologie oder Ökologie denkbar. Im Grunde haben
wir eine solche Eliteförderung – allerdings noch unspezi-
fisch – bereits dort, wo in den »Turbozügen« der Gymnasien Kinder das Abitur in acht statt in neun Jahren erreichen. Dies ist nur durch eine Motivationsverdichtung von
begabten und motivierten Kindern möglich. Alle Modelle
von Hochbegabten- und Eliteförderung hätten jedoch
darauf zu achten, dass Begabte wegen ihrer Begabung
und nicht wegen des Geldbeutels oder des Größenwahns
ihrer Eltern gefördert würden.

Mit der regelwütigen Schulpflicht eng verkuppelt sind
die **Lehr-** oder **Rahmenpläne** der einzelnen Länder, im
Lehrerdeutsch fälschlicherweise[26] auch das **Curriculum**
genannt. In den Lehrplänen sind von den Kultusministeri-
en minutiös die Lernziele, die Unterrichtsinhalte und
eventuell methodische Hinweise wie Literatur oder che-
mische Versuche angegeben. Diese Lehrpläne zementie-
ren, dass unsere Kinder in der Schule viel zu wenig für
und über ihr Leben lernen.

Lehrpläne halten mit der Wissensgesellschaft nicht
Schritt. Sie orientieren sich an teilweise uralten Fächern
und einem Allgemeinbildungsbegriff, der neuere Entwicklungen gar nicht aufzeigt. Ich meine, dass z.B. freudiani-
sche Begriffe wie »Unbewusstes« oder »Neurose« heute
zur Allgemeinbildung gehören. Auch fehlen in unserem
derzeitigen Verständnis von Allgemeinbildung wichtige
Inhalte der Informatik, Psychologie, Medizin, Ökonomie,

---

[26] eine echte Curriculumentwicklung würde keine Vorgaben wie
Schulart, Fächer oder inhaltliche Vorgaben akzeptieren, sondern Ziele
und Lerninhalte bestimmen und daraufhin erst methodische und strukturelle Festlegungen tätigen

Jura und Ökologie. Welche fehlen, darüber müssen wir wirklich streiten. Insbesondere müssen wir über eine neue »Leitwissenschaft« oder »Bildungsidee« streiten, an der sich Lehrpläne, Allgemeinbildung und Berufsausbildung orientieren.

Die staatlichen Lehrpläne werden von den meisten Lehrern geheimniskrämerisch und verschworen gegen neugierige Blicke von Schülern geschützt, d.h. ein Schüler bekommt sie normalerweise nie zu Gesicht. Haben Sie als Schüler jemals einen Lehrplan gesehen? Oder als Elternvertreter? Wohl die wenigsten dürften die in ansprechendem Lay-out mindestens bei jedem Schulleiter einsehbaren Papiere zu Gesicht bekommen haben. Ich pflege den Lehrplan als Stoffplan aufbereitet meinen Schülern zu Beginn der dreijährigen Ausbildung schriftlich zu übergeben. In der Regel freuen sie sich darüber, weil es ihnen Sicherheit gibt.

Von all dem Faktenwissen, was wir einst für Klassenarbeiten paukten, haben wir vermutlich heute nur noch wenig parat. Wie war das noch gleich? Welcher der drei Ottonen machte keine drei sondern nur zwei oder eine Strafexpedition gen Italien? Und was ist der Investiturstreit? Das alles zu wissen, ist entweder qualifiziertes Fachwissen oder überflüssiger Bildungsschrott. Und das alles stand in einem Lehrplan!

In der Schule werden Lehrpläne immer sehr wichtig genommen, denn die Curricula vereinheitlichen den Unterricht und machen zentrale Abschlussprüfungen überhaupt erst möglich. Allerdings verhindern Lehrpläne auch das rasche und flexible Implementieren von wichtigen neuen Inhalten.

Lösen sich Schulen aber doch einmal von den lebensfernen Vorgaben, z.B. in Schulversuchen und/oder durch große Anstrengung des Kollegiums, kann Erstaunliches entstehen. Endlich kann kindgemäßes Lernen stattfinden. Ich denke z.B. an das »Heuneburgprojekt«, bei dem drei deutsche und eine französische Schule gemeinsam mit einem Museum und unter wissenschaftlicher Begleitung samt Computereinsatz eine frühkeltische Siedlung im Bodenseeraum erforschten und erlebten. Inklusive selbst gebackener Brötchen im keltischen Lehmofen beim zünftigen Zeltlager gemeinsam mit behinderten Kindern.

Doch so frei können Kinder nur selten lernen, denn da steht die **Stundentafel** vor. Ähnlich wichtig wie für Moses die heiligen Tafeln mit den 10 Geboten, sind für die schulpflichtigen Kinder und die lehrpflichtigen Lehrer die Stundentafeln, welche die Kultusbürokratie vorschreibt. Und da beißt keine Maus einen Faden ab! In den Stundentafeln wird genau geregelt, welche **Fächer** zu unterrichten sind und in welchem **Stundenumfang**. In den Klassenbüchern wird dies penibel dokumentiert, und ein Stundentausch zwischen zwei Fächern wäre ein solches Sakrileg, dass dies überhaupt nicht vorkommt.

Vor interessegeleitetem Lernen steht außerdem der 45er Colt der Schulpflicht, genauer der **45-Minuten-Takt** der Unterrichtsstunden. Dieser Rhythmus drängt sich jedem Fächerinhalt aufs Unangenehmste auf. Dabei wäre es recht einfach, auch ohne große Schulreform das System zu wechseln, wenn man wollte. Man kürze jede Stunde auf 40 Minuten oder lege schlicht Blöcke von z.B. 135 Minuten an einem Vormittag zusammen, in denen alle Kinder keine fixierte Pause haben. In solch einem Block unterrichtet ein Lehrer zwei oder drei Fächer gemeinsam und – oh Wunder! – er kann flexibel mit seiner Zeit umgehen. Wären die Schulen frei in der Gestaltung der Zeitstruktur, dann würden sie sich überraschende Möglichkeiten einfallen lassen. Wer's nicht glaubt, der schaue nur einmal wie die Stundenplanmacher in einem Berufsschulzentrum eine unglaubliche Energie und Kreativität in pfiffige Stundenpläne stecken, die dem flexiblen Bedarf dieser Schulart gerecht werden müssen.

Am 45er orientiert sich auch das **Stundendeputat** der

Lehrer (also der Umfang der Stunden, die sie in der Schule unterrichten müssen), unabhängig von der Anzahl der Kinder oder dem Zeitaufwand für ein Fach. Lehrer unterrichten je nach Land und Schultyp zwischen 23 und 27 Wochenstunden. Auch eine heilige Kuh, an der die Gewerkschaft, aber auch ein moderner Schulreformer wie Peter Struck, Professor für Erziehungswissenschaften an der Uni Hamburg, nicht rütteln wollen. Warum? Weil das Zwist in die Lehrerschaft trüge und/oder die Bewertung an sich zu schwierig sei. Also wird wider besseres Wissen weiter gemauschelt.

Wer wüsste nicht, auch in Laienkreisen, dass Lehrer je nach Fachkombination eine unterschiedliche Belastung haben? Nehmen wir als besonders augenscheinliches Beispiel den Lehrer mit der Fächerkombination Sport und Religion. Hier sollte man drauflegen. Dagegen steht das arme Würstchen, dass sich für ein Studium der Politischen Wissenschaften und Germanistik entschied und sich vor Korrekturen und ständigem Aktualisieren seines Lehrstoffes kaum retten kann. Hier sollte man kürzen. Dazwischen liegen die »normalen« Fächer.

Hell strahlende Meilensteine auf dem Weg hin zu dem in der Tat so wichtigen Berechtigungsschein des Abiturs (oder anderer Abschlüsse) sind die **Noten**, die sich im Laufe des Schülerlebens in unermüdlichem Strom auf jeden ergießen. Die junge Nation giert täglich aufs Neue nach wissenschaftlich exakter Bewertung durch das Dezimalbombardement. Schließlich will ja der Numerus clausus besiegt sein.

Doch wie kann eine Abschlussnote auch nur annähernd präzise oder gerecht sein, wenn in ihr zu 20 – 50 % die mündliche Benotung durch den Lehrer steckt?! Und das darf jeder Lehrer zu recht und zum Glück selbst entscheiden, wie hoch er das Mündliche anrechnet. Also selbst, wenn das Schriftliche objektivierbar wäre, würde die höchst subjektive mündliche Note dem schönen

Schein von der Notengerechtigkeit die Suppe versalzen. Aber auch das Schriftliche ist, wie der Notenforscher Karlheinz Ingenkamp schon vor Jahren[27] eindrucksvoll belegt hat, nicht objektiv.

Trotz der scheinobjektiven Benotung: Der Schüler lernt, was ihn nicht interessiert, was ihm vorgekaut wird und wo er sich durch ein Referat oder das Ausfüllen eines methodisch geschickten Arbeitsblattes selbst verwirklichen kann. Was aber keine Punkte bringt, wird nicht gelernt. Wen interessiert schon »Die Literatur Ostafrikas«? – wenn's Punkte gäbe vielleicht. Wer kann das Schülern eigentlich übel nehmen? Wir haben sie doch so erzogen! Verwunderlich ist eher, dass es überhaupt noch den anderen engagierten Schülertypus gibt.

Ivan Illich schreibt dazu: »In der Schule lehrt man uns, dass wertvolles Lernen das Ergebnis von Schulbesuch sei; dass der Wert des Lernens mit der Dosis an Input steige, und dass sich dieser Wert schließlich durch Zensur und Zeugnis messen und nachweisen lasse. Tatsächlich ist Lernen diejenige menschliche Tätigkeit, die am wenigsten der Manipulation durch andere bedarf.«[28]

Die Waldorfschulen kennen seit ihrer Gründung vor 80 Jahren keine Manipulation durch Noten (außer zwangsweise in den Abschlussprüfungen) und man wird nicht sagen können, dass diese Schulen lebensunfähige Versager produziert hätten. Im Gegenteil entlassen Waldorfschulen eher vitale und kreative Persönlichkeiten.

Klassenarbeiten werden nach kultusministerieller Rasenmäher-Vorgabe geschrieben (z.B. pro Wochenstunde eine Arbeit pro Jahr), also nicht danach, was ein Lehrer für die Leistungsmessung erforderlich hält. Wahrscheinlich regelt das ein leibhaftiges Kultusministerium deshalb so penibel, weil die vorgesetzten Beamten befürchten,

---

[27] Die Fragwürdigkeit der Zensurengebung. Weinheim/Basel, 1959
[28] Entschulung der Gesellschaft, München, 4. Aufl. 1995

dass die »faulen Säcke« (O-Ton Bundeskanzler Schröder) ohne kultusministerielle Erlasse gar keine Arbeiten mehr schreiben würden. Warum kann Art und Anzahl der Leistungsbewertungen nicht die Schulkonferenz einer Schule für jedes Fach grundsätzlich selbst festlegen? Das wäre vernünftig und der Zeitaufwand vertretbar.

Dem sturen Lernen nach Plan korrespondiert die bei Haupt- oder Realschülern zu beobachtende Unfähigkeit, einen Gedanken oder ein Thema geistig durchdringen und eigene Schlussfolgerungen ziehen zu können. Die Forderung nach genaueren Begründungen scheint vom Mond zu stammen. Andererseits werden oft sehr wichtige Fakten, die sicher unmittelbar zur Allgemeinbildung zählen, auch nicht gewusst. Etwa, warum das »Dritte Reich« drittes hieß. Welches waren denn die beiden vorhergehenden? Oder Chemiestudenten sind aus dem Leistungskurs des Gymnasiums mit Spezialwissen – obendrein durch Klassenarbeiten gesichert – voll gestopft, verfügen aber nicht mehr über breites und notwendiges Grundlagenwissen. So können Biologiestudenten in der Vordiplom-Chemieprüfung zwar exakt und detailliert die oxydative Phosphorilierung als Teil der Atmungskette erläutern, nicht jedoch, was unter Aldehyden oder der Aldoladdition zu verstehen ist.

Da fristet die soziale Verantwortungsbereitschaft erst Recht ein kümmerliches Schattendasein. Kein Schüler erhält Bonuspunkte für soziales Engagement. Im Bereich der Berufsbildung versucht deshalb seit März 2000 die Freudenberg-Stiftung (Weinheim) in Nordbaden mit einem so genannten »Qualipass«, in den Schüler ehrenamtliche Tätigkeiten, Praktika oder Auslandsaufenthalte eingetragen erhalten, das Schülerprofil um diese außerschulischen Anteile zu schärfen und damit die Chancen auf Ausbildungs- oder Arbeitsplatz zu erhöhen.

Statt nach sturen Plänen vorzugehen, müsste auf neue Anforderungen des zukünftigen Arbeitsmarktes reagiert werden. Im relativ gut ausgestatteten hauswirtschaftlich-kaufmännischen Berufsschulzentrum von Heilbronn, dem größten in Baden-Württemberg, existiert keine Schüler-Bibliothek (eine freiwillige Arbeitsgruppe von Lehrerinnen plant bei Sponsoren dafür Gelder zu sammeln) oder ein frei benutzbarer Computerarbeitsplatz für Schüler.

Und was den Bildungsstand der Lehrer angeht, so verfügt noch heute nur eine Minderheit über Computerkenntnisse[29]. Manche lehnen den Computer fundamentalistisch gleich ganz ab und weigern sich beispielsweise, für die Erstellung einer Schulbroschüre ihren Beitrag auf eine Datei zu schreiben. »Schreib du es doch, du kannst doch mit dem Computer umgehen!« Die für die Broschüre verantwortliche Kollegin schleppte die Widerspenstige wütend vor den Bildschirm, richtete das Schreibprogramm ein und ließ sie den Text tippen. Das konnte sie. Noch hängt an vielen Schulen und Lehrertischen ein unsichtbares Schild: »Der Übergang zur Informationsgesellschaft findet hier gemächlich statt.«

Das könnte sich allerdings bald ändern, wenn die Kultusministerien – wie derzeit in Planung – für 11 Milliarden Mark bundesweit jeden Pennäler mit einem tragbaren PC bzw. Laptop ausstatten. Die CDU will dafür den Eltern allerdings ein bisschen in die Tasche greifen. Die SPD ziert sich noch.

Der Computer, der in jeder Grundschulklasse stehen sollte, muss nicht unbedingt online sein. Wissen erreichen zu können – was zunehmend wichtiger wird, als über Wissen zu verfügen – geht genauso gut über eine CD-ROM mit z.B. einem Kinderlexikon. Oder mit dem gut ausgestatteten Handapparat im Buchregal des Klassenzimmers. Und den Lehrer kann man auch noch fra-

---

[29] auch das Kabinett Schröder hat sich erst im Frühjahr 2000 fürs Internet fit machen lassen (außer dem Grünen Trittin, der war schon fit!)

gen. Das Internet darf auf keinen Fall zum Fetisch oder Ersatz für kindgemäßen und marktgerechten Unterricht werden.

All diese Aspekte zeigen: Alles Lernen, das aus dem Lehrplan fällt, hat's in der Schule schwer. Und die Schulpflicht macht es Eltern doppelt schwer, für problematische Kinder eine angemessene Förderung zu finden, z.B. wenn Lehrer unfähig sind, ein Problemkind zu unterrichten. Weil es in solchen Fällen keine oder nur in Ansätzen private schulische Konkurrenz gibt, sind solche Eltern auf das Geschick guter Lehrer angewiesen oder auf Gedeih und Verderb der Unfähigkeit ausgesetzt. Eine Mutter, die ihr Kind gern privat unterrichtet hätte, erzählt vom zweijährigen Leidensweg ihres Sohnes in der Grundschule einer schwäbischen Kleinstadt: »Christoph war von klein auf ein recht verschlossenes Kind. Er kommunizierte nur mit seiner ganz vertrauten Umgebung. Deshalb suchte ich noch vor der Einschulung einen Sprachtherapeuten für eine Beratung auf. Nach der Einschulung wollte Christoph sowohl innerhalb der Klasse als auch vor seiner Klassenlehrerin, Frau Schubert, nicht sprechen. In einem Gespräch stellte Frau Schubert ein Ultimatum, bis wann Christoph in der Klasse sprechen sollte. Ansonsten würde sie und der Rektor Christoph in die Sprachheilschule überweisen. Zu Christoph gewandt: »... weg von deinen Freunden und das willst du doch nicht!?« (später nannte sie das die »Schockmethode«). Christoph blieb unbeeindruckt, und ich hatte mit meiner Wut zu kämpfen. Er störte den Unterricht weiterhin durch sein Schweigen nicht und war konzentriert bei der Sache.

Nun begann mein Kampf gegen diese unfähige Lehrerin. Im ersten Gespräch mit dem Rektor ohne Frau Schubert forderte ich einen Klassenwechsel für Christoph und erfuhr, dass der Rektor überhaupt kein Einverständnis für eine Überweisung an die Sprachheilschule gegeben hatte. In einem zweiten Gespräch beim Rektor, diesmal mit Frau

Schubert, drehte sich das Blatt. Jetzt saß mir eine ganz andere Frau gegenüber: reumütig, kleinlaut, unschuldig.

Diese Runde hatten wir gewonnen. Es gab keine Auseinandersetzungen mehr. Von den Mitschülern wurde Christophs Schweigen akzeptiert; er wurde nicht gehänselt. Er fand seinen Weg sich auch ohne Worte mitzuteilen. Dann erreichte ich zum 3. Schuljahr zu unserem Glück doch noch einen Wechsel. Die fremde Umgebung und der fremde Lehrer waren der Zauberschlüssel. Christoph begann mit allen zu kommunizieren.

Durch den Druck, den er erlebt hat, ist viel kaputt gemacht worden. Ich denke, das wäre mit Privatlehrern nicht passiert. Ich hätte Christoph zu Hause nach meinem Können unterstützt und für den Rest nach guten Pädagogen geschaut, auch wenn es viel gekostet hätte.«

Solche Möglichkeiten der Förderung, vielleicht für eine gewisse Zeit, können für Kinder entscheidend sein. Danach können sie vielleicht auch wieder in die »normale« Schule zurückkehren. Was es verhindert, ganz individuell mit Lernschwierigkeiten umzugehen und das große Engagement auch von Eltern zu nutzen, liegt auf der Hand: die Schulpflicht. Ohne Schulpflicht wäre Christoph vielleicht nach einer zweijährigen »Beschulung« durch die Mutter selbst, einen Studenten und eine pensionierte Lehrerin genau in der Klasse, in der er jetzt auch ist. Aber ohne seinen pädagogischen Leidensweg und die Verzweiflung seiner Mutter.

Führen solche individuellen Lösungen, so hilfreich sie im Einzelfall sein mögen, nicht zu einer Bildungsbeliebigkeit? Solchen Einwänden möchte ich entgegen halten, dass ich, auch wenn ich Lehrpläne ablehne, die Forderung nach einem Grundkonsens über Allgemeinbildung aufrecht halten möchte. Jüngstes Beispiel für den Versuch der Formulierung eines solchen Grundkonsens ist das bereits erwähnte und schlicht »Bildung« genannte Buch von Dietrich Schwanitz, das köstlich, kontrovers und erfolgreich unter anderem einen Literaturkanon festlegt. »Wer gegen einen länderübergreifenden Literaturkanon ist, kann auch gleich die ganze lästige Schulpflicht abschaffen,« unkt Peter Rühmkorff 1997 in der ZEIT. Leider hat Schwanitz Bildung ausführlich nur für die Geisteswissenschaften und schönen Künste definiert und weniger für die Natur- und Sozialwissenschaften.

Mit einem **Allgemeinbildungskatalog** würde die Quadratur des Kreises geschafft. Peter Struck spricht dabei weniger optimistisch von einem »Seiltanz«. Dieser Kanon muss äußerst minimal sein, aber alle wesentlichen Fachinhalte enthalten, damit er nicht die spezielle Ausprägung einer Schule durch Lernstoff-Fülle erdrückt, andererseits aber so weit reichen, dass »Gebildete« eine gemeinsame Verständigungsbasis haben. Baden-Württemberg, das Land, das bisher so sehr aufs Zentralabitur setzt, bewegt sich seit neustem in dieser Frage. Im Abitur sollen(!) zentral nur noch Kernbereiche (also wohl etwas Ähnliches wie ein Allgemeinbildungskatalog) zentral abgefragt werden, den Rest, sog. Module, legen die Schulen selbst fest.

Erste Schritte werden also gegangen. Schulpflicht, Lehrplan, Stundentafeln, 45er, Noten, Klassenarbeiten, Anpassung usw. vermitteln dem fleißigen Schüler den Schulabschluss als das große Lebensziel.

Die Suche nach Alternativen hingegen verspricht Persönlichkeitsentwicklung und zeigt schon den Kleinen, dass es ein Leben nach der Schule gibt.

5. SCHULPFLICHT WILL BLOSS SCHWACHE LEHRER

5. fatale Folge: Die Berufswahl erweist sich im späteren Berufsleben für viele Lehrer als falsch. Die Lehrerausbildung macht Menschen fit für lernwillige, aber nicht für widerstandsbereite Schülerinnen. Sie orientiert sich am sog. »Primat der Methodik« statt an dem der Didaktik, d.h. es ist wichtiger, was methodisch in der einzelnen Unterrichtsstunde an Wunderwerken oder Mätzchen fabriziert wird, als das, was die Analyse der didaktischen Trias (Schüler, Lehrer, Stoff) verlangt. Das produziert schwache Lehrer, weil sie bloß mit dem Instrumentarium für im Prinzip brave Schüler ausgestattet und im Konflikt- und Belastungsfall hilflos sind. Sie reagieren dann oft unangemessen autoritär, verzweifelt oder autoaggressiv. Eine Korrektur der Lehrerausbildung hätte auf die Frage der richtigen Berufswahl, eine stärkere Ausrichtung an den Erziehungswissenschaften und auf die Stärkung der Persönlichkeit durch Beratung und Supervision zu achten. Lehrer müssen von ihrem Beruf fasziniert sein!

5.1. Die Lehrerausbildung ist falsch gepolt

Die Lehrerausbildung ist grundsätzlich falsch gepolt, d.h. sie bereitet Lehrer nicht für die gesamte Berufswirklichkeit vor. Die Berufswahl der Lehrer ist ebenso kritisch zu betrachten wie ihre Hochschulausbildung, die an der Ausrichtung des Unterrichts (Methodik) für lernwillige Schüler ansetzt. Hinzu kommt, dass die Inhalte der Lehrerprüfungen nicht durch die Hochschulen selbst, sondern letztlich durch die Kultusbürokratie kontrolliert und damit festgelegt werden.

Lehrer bleiben in mehrfacher Hinsicht selbst Schüler und können im Beruf nur eine Schein-Elternrolle einnehmen. In der Regel kehren sie sofort nach dem Besuch der Hoch-Schule in die Institution ihrer Kindheit zurück (haben also Schule nie verlassen). Nach Studium und Referendariat werden sie eingestellt, von Vorgesetzten beäugt und beurteilt und ein Leben lang nach Schulnoten befördert, ganz wie die Kinder.

Indem sie wiederum ständig Kinder beurteilen (unter der Aufsicht von elterlichen Vorgesetzten), bleiben sie ihr ganzes Leben in der älteren Geschwisterrolle, ohne je eine echte Elternrolle einnehmen zu können und in Konkurrenz zu echten Erwachsenen treten zu müssen. Papa Schulleiter sagt zum großen Bruder Lehrer: »Geh in die Klasse und bringt deinen kleinen Geschwistern was bei. Aber mach es gut, demnächst komme ich und kontrolliere!« Dieser fehlende Erwachsenenanteil im Lehrerleben würde z.B. durch intensive Teamarbeit ausgeglichen werden, weil hier gleichberechtigte Erwachsene aufeinander stoßen.

Viele Lehrer geben an, dass sie sich im Leben nicht so recht vorwärts gekommen fühlen. Betrachtet man ihren Sitzplatz in einer Schulklasse, dann versteht man das auch gut: lediglich die Position am Tisch hat sich geändert. Tritt der Schulrat durch die Tür, dann nicht einmal mehr die. Vermutlich versuchen deshalb so viele Lehrer (aus psychohygienischen Gründen) erwachsenengemäße Selbstbestätigung außerhalb der Schule zu finden, sei es in der Politik, als Chorleiter, Vereinsmeier, Künstler oder Schriftsteller.

Auch ein längeres Praktikum nach dem Abitur in einem völlig anderen Beruf würde einer besseren Einschätzung der eigenen gesellschaftlichen Realität und der der

Schüler nützlich sein. So klagen viele in die Jahre gekommene Lehrer larmoyant darüber, dass sie im Gegensatz »zur Industrie« nicht das große Geld verdienen. Sie haben einfach nicht realisiert, dass die herbeigesehnten Traumjobs erstens äußerst spärlich sind und zweitens einen Einsatz verlangen, der weit über das Lehrer-Maß hinausgeht. Dass mit der angestammten Beamtenmentalität solche Managerjobs überhaupt auszufüllen wären, schätze ich eher pessimistisch ein. Über das ganze Klagen vom verhinderten Aufstieg geht überdies verloren, dass zumindest Studienräte sehr gut bezahlt sind.

Trotz der alles in allem recht guten Vergütung ist der Lehrerberuf im Vergleich zu anderen Akademikerberufen relativ gering professionalisiert, das bedeutet, Lehrer regulieren die Belange ihres Berufes (ähnlich wie ein Pfarrer) nicht weitgehend selbst, sonder dies tut eine vorgesetzte und demokratisch nicht beeinflussbare Dienstbehörde. Bei den Ärzten z.B. hat diese Steuer- und Kontrollfunktion die Ärztekammer, die demokratisch von den Ärzten selbst besetzt wird. Aufgrund ihres ganz speziellen Studiums können Lehrer kaum aus der Abhängigkeit von Vorgesetzten ausbrechen und z.B. in einen anderen Beruf überwechseln.

Ihre Berufswahl kann auch unter weiteren weniger guten Sternen stehen. Viele sind z.B. Lehrer geworden, nicht weil sie echte Freude an Kindern, dem Fach und dem faszinierenden Lerngeschehen hatten, sondern weil unbewusst andere Gründe im Vordergrund standen.

• Lehrer, die unbewusst einen Beruf suchten, der ihrem Bedürfnis nach formaler Machtausübung entsprach: der **T-Rex-Typ** (der z.B. brüllt, piesackt und extra schlechte Noten verteilt).

• Lehrer, die unbewusst einen Beruf suchten, der ihnen die Machtausübung über Besser-Wissen garantierte (der von allen so geliebte »**Oberlehrer**«, der noch abends in der Sauna jedem den richtigen Sitzplatz zuweist).

- Lehrer, die ein kurzes Studium mit gleichzeitig relativ guter Bezahlung bei »kleiner Morgenstelle« lockte, z.B. als Grundschullehrer (der **Hausfrauentyp**).
- Lehrer, bei denen der eigene Abidurchschnitt (wie bei den meisten Lehrern) zwischen zwei und drei liegt und somit zu keinem an sich erträumten »besseren« Studium reichte (der **Inzesttyp**)[30].
- Lehrer/innen, bei denen ein Kind dazwischenkam (die **Verlegenheitslösung**).
- Lehrer, die die harte Berufswirklichkeit – den Erziehungsauftrag und die Lebenswirklichkeit der Kinder – zugunsten eines romantischen Ideals (der »**Kamerad der Kinder**«) verdrängten.
- Lehrer, denen die Sicherheit im Beamtenstatus erstrebenswert schien (der **Pantoffeltyp**).
- Lehrer, die ihre Kraft für den Konkurrenzkampf in der Wirtschaft als zu gering einschätzten (die **Sensibelchen**).
- Lehrer, denen ein geliebtes Fach (Musik, Kunst, Englisch) über alles ging, dann aber aus verschiedenen Gründen eine Berufsperspektive doch nur im Lehrerberuf gefunden werden konnte (die **verhinderten Künstler** oder **Wissenschaftler**).
- Lehrer, die von größerer Flexibilität, zeitlicher Selbstbestimmung und längeren Ferien gelockt wurden (der **Diogenes-Typ**).
- Lehrer, die über die Schullaufbahn eine Karriere in Politik, Schulhierarchie oder Schulverwaltung suchten, aber nicht erlangten (der **K.O.-Typ**).

Diese Lehrertypen – meist als Mischtypen – finden alle Platz in der Schule. Es gibt keinen Mechanismus, der weniger geeignete Bewerber frühzeitig rausfiltert.

---

[30] Der Kabarettist Dieter Nuhr (Deutscher Kleinkunstpreis 1998) erklärt die Schulmisere durch Inzest: »Die schlechtesten Schüler werden später Lehrer«.

Die verschiedenen Lehrertypen mit ihren unterschiedlichen Berufsmotivationen werden dann in ihrer **Ausbildung** ausschließlich auf kooperative Schüler getrimmt. Leider aber halten sich einige der Schüler nicht an das ministerielle Wolkenkuckucksheim und leisten vermehrt Widerstand oder tauchen gleich ganz ab. Für solchen Widerstand ist Schule nun nicht eingerichtet und seine Lehrer nicht ausgebildet. Schule will sich auf solche widerständigen Schüler auch nicht einrichten, weil sie nicht von deren Lebenswirklichkeit ausgeht, sondern primär von Staatsräson und Lehrplan. Das sollten Lehrerstudenten vorher wissen.

Statt sich verstärkt dem Gesamt der didaktischen Fragen zuzuwenden – ihr Herzstück ist die Lehrer-Schüler-Beziehung – , sind die meisten Lehrer und ihre Ausbilder fixiert und fasziniert von der Methodik. Sie glauben tatsächlich, dass mit immer feineren und raffinierteren methodischen Mätzchen (hier ein flottes Mindmapping, da eine Gruppenarbeit, dort ein Arbeitsblatt und hier der gute alte Overheadprojektor) die Motivation aus dem Schüler schon noch rauszukitzeln sei.

Sie meinen es nur gut[31] und vergessen dabei, dass das Gegenteil von »schlecht« »gut gemeint« ist. Sie sind Opfer der sog. Enantiodromie, wo vom immer mehr desselben Guten (der Sahnetorte) das Gute schließlich ins Schlechte (nämlich in Übelkeit) umschlägt. Am Ende dieses methodologischen Irrwegs steht die Versteinerung, das Burn-out oder der Selbstmord. Noch hat ja kein Lehrer einen Schüler ermordet, auch wenn kürzlich ein Studienrat als Vorstufe dazu seinen Schülern auf der offiziellen Homepage seiner Schule ein Computerballerspiel samt kompatiblem Geräusch anbot, bei dem sie die Köpfe ihre Klassenkameraden sowie einer Lehrerin abknallen konn-

---

[31] z.B. die sehr engagierte Gruppe »Aktion Humane Schule«, siehe im Literaturverzeichnis unter Wallrabenstein

ten. Der uneinsichtige Studienrat wurde zu Recht aus dem Schuldienst entfernt.

Lehrer stehen lernunwilligen Schülern eher hilflos gegenüber und greifen gern zu selbst erlebten pädagogischen Rezepten wie Strafen, Schimpfen und Schreien oder Ausflippen und Anmachen. Sie sind meist nicht in der Lage, notwendige sozialpädagogische Formen des persönlichkeitsorientierten Lernens in Gruppen (wie z.B. Gestaltarbeit, gruppendynamische Übungen, Konzentrationsübungen, Konfrontationstechniken, Fantasiereisen, Meditationen, u.v.m.) anzuwenden. Sie sind dafür weder ausgebildet, noch erlaubt die innere Struktur der Schule durch die Fixierung auf Lehrpläne in Problemfällen überhaupt eine solche sozialpädagogische Orientierung. Oft sind Lehrer auch aufgrund ihrer Persönlichkeitsstruktur nicht in der Lage, sich selbständig weiterzuentwickeln und wenigstens einige Elemente des sozialpädagogischen Lernens in ihre Klassen einzuführen. Für hochmotivierte Berufsschullehrer jedoch bieten verschiedene Bundesländer dankenswerter Weise **sozialpädagogische Nachschulungen** an.

Wie viele Scheindiskussionen werden unter Lehrern geführt, wenn es z.B. um schlechte Noten, eine klare Haltung des Lehrerkollegiums oder eine Ordnungsmaßnahme geht? Wie oft wirft sich da nicht Jeanne d'Arc oder Robin Hood in die Bresche für einen Schüler, bei dem Klarheit und Konsequenz (was ein Schüler gewiss als Härte erleben wird) wichtig wäre.

Manchmal fighten die Jeannes und Robins für ihre Schüler auch nur, weil ein »pädagogischer« Ruf zu verteidigen ist, bei dem die Adaption des Traumes an die Realität nicht gelang. Der Traum vom »Kumpel der Kinder«, der ganz unautoritär die Chancengleichheit des Kindes in den Mittelpunkt stellt, muss zumindest dann zerplatzen, wenn der Schüler die Freundschaft des Lehrers partout nicht will und andere Kinder durch einen Mitschüler zu schaden kommen. Und er muss eigentlich auch schon lange geplatzt sein, wenn der Lehrer sein eigenes langsames Ausbrennen fühlt. Dann gibt es da auch noch die alten Berührungsängste der Liberalen: man möchte mit einem konservativen, knallharten Knüppelpädagogen nicht in einem Boot sitzen, selbst wenn der Recht hat. Statt den Begriff der Autorität selbstbewusst mit einem andern Inhalt zu füllen, meiden diese Lehrer die Autorität wie der Teufel das Weihwasser.

Trotzdem ändert sich auch für Lehrer, die sich sozialpädagogisch geschult und engagiert um ihre Schüler kümmern, nicht die innere Struktur der Schule. Und genau dies wäre aber nötig, um schulunwillige Schüler im Bereich der Jugendhilfe dennoch sozialpädagogisch erreichen, bilden und schulen zu können.

5.2. Wenn Lehrer schwach werden ...

Ein Blick in die Geschichte des Schulwesens lässt sensible Menschen erschauern. Bis zur Studentenbewegung war es Lehrern mehr oder weniger gestattet, kleine Menschen zu quälen und zu erniedrigen. Pädagogische Brutalität jeder Form war schließlich Volksgut, und Stänkerer hatten den gerechten Volkszorn zu fürchten. Und wer dann seine Kinder dem Drill in der Kleinkinderbewahranstalt entzog und etwas Neues in Kinderläden probierte, der war hemmungslos dem Volkszorn in Form von Beleidigungen, Anzeigen und Blumentöpfen vom Balkon ausgesetzt. Der Studentenführer Rudi Dutschke starb sogar an den Spätfolgen solchen Volkszorns. Als letztes Bundesland hat Rheinland-Pfalz erst 1973 (!) die Prügelstrafe in den Schulen abgeschafft. Alle, die durch diese »Schule« liefen, wissen, was eine Tatze ist. Auf jeder Party ein gelungener Scherz, das Leiden von damals – pantomimisch begleitet –

zu schildern. »Aber seht her, es hat mir nichts geschadet!« heißt es meist lachend zum Abschluss. Dann frage ich nicht weiter.

Wolfgang Melzer ist Professor für Schulpädagogik und Sozialisationsforschung an der TU Dresden, hat dort über »Gewalt als Soziales Problem in Schulen« geforscht und stellt fest, dass einige Lehrer mit an der Gewaltspirale drehen. Im STERN 50/99 schreibt er: »Wir haben in unserer Studie festgestellt, dass es Lehrer gibt, die die inneren Grenzen von Schülern nicht beachten, dass Schüler vor der Klasse fertig gemacht und beschämt werden. Das sind keine riesigen Prozentzahlen. Aber ein kleiner Teil der Lehrer zeigt ein problematisches Verhalten, das Aggressionen begünstigt: Sie brüllen rum, werden manchmal sogar handgreiflich. Dabei kann die didaktische Kompetenz der Lehrer gewaltmindernd wirken: Ob sie sich im Tempo an Schwächeren orientieren, die nicht so gut mitkommen, ob sie integrieren, ob sie schülerorientiert sind, die Schüler auch mal mitreden lassen – das spielt eine große Rolle.«

Im Grabenkrieg im Klassenzimmer haben die Lehrer – trotz des Verbots körperlicher Gewalt – strukturell immer noch die bessere Munition: die Noten, den Entwicklungs- und Wissensvorsprung und zahlreiche Druckmöglichkeiten (wie die Tadel oder Verweise und andere Schulstrafen) oder die Elterngespräche. Nicht selten kommt es dabei vor, dass Lehrer nicht nur diese Palette ausnutzen, sondern sie haben ihre Munitionskiste randvoll mit wahren Perversionen ihrer pädagogischen Möglichkeiten gepackt. Sie greifen verunsichert oder angestachelt zu drastischen Machtdemonstrationen. Immer wieder werden genannt: Lächerlichmachen, Bloßstellen, An-den-Haaren-zerren, Beleidigen oder verbal-sexuelle Attacken.

Die Berliner Schulpsychologin Bettina Schubert hat in einer Untersuchung aufgelistet, welche verbalen Unverschämtheiten Lehrer ihren Schülern beim Frontalunterricht präsentieren: z.B. »asozialer Krüppel«, »Du blonde Schlampe«, »Hure«, »Ihr seid ja behindert/gestört/blöd/bescheuert!« oder besonders delikat: »... ein Dreckskind, das es nicht verdient, auf der Welt zu sein!« Das Kultusministerium Baden-Württemberg hat im Schuljahr 1998/99 wegen solcher Übergriffe nicht weniger als 120 Disziplinarverfahren eingeleitet. In den anderen Bundesländern sieht es vermutlich nicht anders aus.

Kinder reagieren, wenn sie nicht offen und direkt Aggressionen zeigen, mit Autoaggression, nämlich mit Schulangst (ca. 24% geben solche Gefühle an, 36% gehen gern zur Schule), psychosomatischen Reaktionen wie Bettnässen oder Kopfschmerzen, Schulflucht und – speziell um die Zeugniszeit – mit Weglaufen. Und manchmal sogar mit Suizid[32]! In allen Städten sind Sorgentelefone für die Pennäler, aber auch für ihre Eltern geschaltet. Auch das Internet bietet Schülern unter der Adresse »www.internetnotruf.de« fachliche Hilfe und Beratung an – und nur einen einzigen Click weiter wird dieselbe Hilfe auch verunsicherten und hilflosen Lehrern zur Verfügung gestellt. Zwei Parteien, die sich nicht begegnen können und deshalb bekriegen (müssen).

Schleppen nicht viele Bürger einen ewigen Groll gegen Schule im Herzen, der ihnen von einzelnen Lehrern eingepflanzt wurde? Schreiten nicht viele Eltern seltsam beklommen zum Elternabend ihrer Kinder durch nach Kreide und Bohnerwachs riechende Schulflure? Deckte nicht das Schulamt oft einen völlig ungeeigneten Lehrer? Wie viele verdrängte Horrorbilder und vergessene Tränen verstecken sich hinter nass-forschen Behauptungen wie dieser: »Schule tut nun mal weh und Lernen ist eben anstrengend! Ich musste da auch durch und mir hat's auch

---

[32] 1995 wurden insgesamt ca. 35.000 Suizidversuche, 54 Suizide bei Kindern ab 5 Jahren und 806 bei Jugendlichen/jungen Erwachsenen bis 33 Jahren bekannt

nicht geschadet?!« Auch an dieser Stelle frage ich nie weiter. Die Narbe ist zu dünn verwachsen.

Wenn Schulpflicht weiterhin Lehrer, die oft genug beruflich fehlplatziert und ungenügend ausgebildet sind, in Situationen zwingt, in denen sie so überfordert sind, dass ihnen nur die pathologische Entgleisung bleibt, dann trägt Schule auch Mitverantwortung für solche pädagogischen Katastrophen. Aber letztlich ist nicht die Frage der Verantwortung oder Schuldzuweisung entscheidend, sondern die Frage, wie es zu einer Veränderung kommen kann.

5.3. Höchste Eisenbahn für eine Lehrerausbildungsreform

In der letzten Zeit finden sich Überlegungen in der Bildungsdiskussion ein, die Rolle des Lehrers durch die des »Coaches«, d.h. des Lernberaters abzulösen. Das wird besonders vehement von Peter Struck vorgetragen. Auch wenn seine Bücher voll spritziger Überlegungen zur Schulreform stecken, halte ich doch den vorgeschlagenen Weg für den Holzweg. Er vermischt die Rolle des freundschaftlich instruierenden Lehrers mit der des gewährenden Psychotherapeuten oder Supervisors. Dieser Rollenmischmasch ist schon einmal in der antiautoritären Erziehung gescheitert. Einer solchen »Sozialpädagogisierung« der Schule hat in letzter Zeit am heftigsten Hermann Giesecke[33] widersprochen.

Lehrer haben nicht die konstituierenden Bedingungen (das »Setting«) für einen Coach/Supervisor: es fehlt ihnen die Freiwilligkeit, die selbst bei Abschaffung der Schul-

---

[33] »Wozu ist die Schule da?« In: Fauser, P.: Wozu die Schule da ist. Seelze 1996

pflicht und in freien Schulen kaum zu verwirklichen ist. Außerdem bedeutet pädagogisches Lernen für den Schüler auch, sich am Lehrer als Figur zu reiben, seinen Widerstand zu spüren und daran zu wachsen. Dies entspricht ebenfalls nicht dem Rollenmodell des Coaches. Und zum Dritten will ein Lehrer auch kognitiv instruieren und nicht nur Prozesse des persönlichen Wachstums begleiten helfen.

Jedoch ist richtig, dass je mehr eine Schule von der vorherbestimmten Planung von Lehrprozessen (Didaktik) abrückt und sich Lernen gegenüber offener und freier verhält (was Platon im Gegensatz zu Didaktik »Mathetik«[34] genannt hat), Schul- und Sozialpädagogik enger zusammenrücken.

Tragendes Element des Selbstverständnisses eines Lehrers muss die **Faszination** sein! Wenn es nicht gelingt, dass Lehrer ihr ganzes Berufsleben lang im Prinzip von ihrem Beruf fasziniert sind, dass sie lebhaft brennen (statt auszubrennen!), dann werden wir keine Lehrer haben, sondern reine Instruktoren. Bei Sokrates und ähnlich bei Michel Montaigne heißt es: »Was ist Unterricht? Einen Eimer zu füllen oder ein Feuer zu entfachen?« Und von Hegel stammt der entsprechende Satz: »Nichts Großes ist in der Welt ohne Leidenschaft vollbracht worden.« Mit dieser Leidenschaft meine ich mehr als den »pädagogischen Eros« oder die »Seele des Erziehers« (Kerschensteiner), womit das Verhältnis zwischen Lehrer und Schüler beschrieben wird, das am Interesse des Schülers, seiner Zukunft und dem gesellschaftlichen Wohl orientiert ist.

Faszination heißt für mich, gleichermaßen am Stoff, am Schüler und an der didaktischen (bzw. mathetischen) Lehreraufgabe zu brennen! Friedrich Schiller hat dafür den Begriff »Enthusiasmus« gewählt: »Enthousiasmus bleibe stets unsre erste treibende Gewalt. Unsre Kugel soll

---

[34] den Begriff hat Hartmut von Hentig 1966 aus der Versenkung geholt

wenigstens so kräftig von der Hand empor fliegen, dass der Bogen in den Wolken verschwinden und ihr Rückfall kaum mehr geglaubt werden soll.« Nur mit einem solchen »Enthousiasmus«, einer solchen Faszination, und nur dann, macht Methodik Sinn.

Konkret könnte die Verbesserung der Lehrerausbildung Folgendes bedeuten:

- Umorientierung des Studiums von der Fixierung auf die Methodik hin zur Didaktik, zum »**Primat der Didaktik**«. Die Faktoren der didaktischen Trias (also die Dreiheit von Schüler, Lehrer und Stoff) sowie deren Beziehungen untereinander und die Einbettung in eine Gesellschaft mit ihrer Schulpolitik stellt das Feld dar, in dem sich Lehrer bewegen und sich verhalten müssen. Und aus dieser Dynamik heraus ergibt sich erst eine methodische Entscheidung.
- Stärkung der **Erziehungswissenschaft**, der Persönlichkeits-, Konflikt- und Lernpsychologie im Studium (auch und gerade für Gymnasiallehrer).
- Der Aufbau des Studiums sollte sich selbst mehr am Konzept des offenen Unterrichts orientieren, also zum »**offenen Studium**« werden. Die Studenten sind für das, was, wie und wann sie lernen wollen, gemeinsam mit dem Professor verantwortlich.
- Wenn Unterricht eher in **Lernfeldern** angeboten werden wird, dann bedarf es auch fachlich anders ausgebildeter Lehrer. Der sog. »Querschnittslehrer« ist gefragt.
- **Schnupperpraktikum** von Abiturienten in einer Schule[35].
- **Berufspraktisches Semester** für Studenten nach dem 3. oder 4. Semester mit starkem persönlichkeitsbildenden Schwerpunkt.

---

[35] Die PH Heidelberg z.B. bietet diese exzellente Möglichkeit seit kurzem an.

- Erweiterung des Lehrkanons auf eine hochschulunabhängige **Supervision** von Studenten und prinzipiell verpflichtend (aber in Art und Ort frei) von fertigen Lehrern durch ausgebildete Supervisoren.
- Erweiterung des Lehrangebots zum Thema **Schulsozialarbeit**. Dabei z.B. Übernahme von »Patenschaften« für besonders erziehungsschwierige Schüler durch Studenten, die diese Schüler auch außerunterrichtlich begleiten.
- **Sozialpädagogisches Methodentraining** für Studenten aber auch fertige Lehrer. Solche Trainingsmaßnahmen werden heute schon verschiedentlich durchgeführt.
- Gewöhnung an **Teamarbeit** schon während des Studiums, denn der Lehrerberuf ist Einzelkämpfertum.
- **Pflichtfortbildungen** für fertige Lehrer in regelmäßigen Abständen (z.B. alle drei Jahre) sollten nach einem bestimmten Plan ablaufen und nicht nur ad-hoc gewählt werden.

Alle Reformen müssen von **Lehrerpersönlichkeiten** auch getragen werden können. Und wenn viele Lehrer unter ungünstigen Voraussetzungen ihren Beruf aufnahmen, wenn das Studium sie in die Fachwissenschaft oder die Methodik trieb und wenn ein persönliches Weiterlernen nur eingeschränkt stattfand, dann steht es um die Zahl der Träger von Reformen nicht allzu gut. Deshalb ist die größte Bremse für Veränderungen gar nicht immer unbedingt die Bildungsbürokratie, wie es auf den ersten Blick immer scheint, sondern die Lehrer selbst spielen auch eine wesentliche Rolle! Da die Bildungsbürokratie aber so gern Schneckenpost spielt, merkt das für gewöhnlich keiner.

6. SCHULPFLICHT HOLT DIE FALSCHEN KINDER

6. fatale Folge: Medienkids und Wohlstandsverwahrloste, seelische Wracks und Missbrauchte, sie alle müssen in die Schule gehen. Die falschen – also die nicht ohne weiteres lernbereiten – Schüler aus angeschlagenen Familien werden in die Schule geholt. Dort sollen Lehrer leidende und aufbegehrende Kinder irgendwie versorgen. Schule bietet latenter Gewaltbereitschaft eine besondere Bühne. Die Hemmschwelle für und das Ziel der Gewalt haben sich dramatisch geändert. Schon das Bestehen auf Einhalten von Regeln gilt vielen Schülern als Psychoterror. Die körperlichen Attacken auf die eigenen Lehrer häufen sich bis zum (geplanten) Mord, besonders im Osten. Lehrer sind bei bedrohlichen Attacken eher schutzlos, besonders weibliche Lehrer, die wenig auf Hilfe durch männliche Kollegen rechnen können. Die Ursachen dieser jugendlichen Gewalt bleiben eher nebulös oder werden simplifiziert. Oft ohne Perspektive sollen Kinder und Jugendliche lernen, was sie nicht wollen, nicht verstehen und auch nicht brauchen. Der Zwang und Druck durch das Schulklima erzeugt weitere Gewalt.

6.1. Von unbehausten Kinderseelen

Auch die Europäische Gemeinschaft weiß offensichtlich, dass an den Schulen ein Brand schwelt. Im Bericht »Zehn Jahre Reformen im Bildungswesen« von Eurydice[36] heißt

---

[36] dem Informationspool der Europäischen Gemeinschaft, abrufbar im Internet

es über die Entwicklung der Schulpflicht in Europa: »Wegen der Schwierigkeiten, einerseits auch bei erweiterter Schulbesuchsdauer ein optimales Bildungsangebot bereitzustellen, und andererseits die z. T. **schulunlustigen** Schüler zu motivieren, wird heute wieder über die Gestaltung der Bildung im Rahmen der Schulpflicht nachgedacht.« (www.eurydice.org) Also: Schulpflicht muss sein, aber Schule muss reagieren! Meint man in Brüssel. Worauf reagieren?

Schule steht heute den in ihren wegbrechenden[37] und eher permissiven Elternhäusern emotional wie nie zuvor verunsicherten »Medienkids« gegenüber, die oft unsozial auftreten und denen in vielen Fällen die Zukunftsperspektive fehlt. Hinzu kommt eine Orientierung an der vordergründigen, schnellen und eher egozentrischen Bedürfnisbefriedigung. Die schnelle Mark, der schnelle Klick, die schnelle Begegnung in einer Gesellschaft, die primär als Entertainment-Tummelplatz wahrgenommen wird, macht viele Kinder unbehaust. Computerspiele, Discman und Hip-Hop-Musik schotten gegen andere eher ab. Abwechslung und Spaß, Fun und neue Sinnesreize stehen ganz hoch auf der Leiter der Bedürfnisse und werden arrogant eingeklagt. Die Forderung nach Bedürfnisaufschub gilt als Gewaltverbrechen.

Im Unterricht nicht essen zu dürfen, zählt als Psychoterror durch die Lehrer! Selbst unglaublich verletzlich, nämlich wenn eigene Grenzen und Bedürfnisse ins Spiel kommen, wird gegen andere eine gnadenlose Missachtung von Spielregeln der Höflichkeit und Rücksichtnahme praktiziert. Mit einem Wort: ein erschreckender Mangel an Empathie hat sich breit gemacht, bei gleichzeitiger unmittelbarer Bedürfnisbefriedigung um fast jeden Preis. Die Putzkolonnen der Schulen oder Sportarenen wissen ein Lied davon zu

---

[37] 25 Prozent der Kinder wachsen in unvollständigen Familien auf.

singen, mit welcher Arroganz sich von Rotznasen Diener gehalten werden.

Schwache Lehrer stehen harten Jungs und Mädchen gegenüber, die sich in ca. 200 Jugendkultnischen unter den Klängen der jeweils favorisierten Musik, den speziellen Umgangsformen und Symbolen von ihren Herkunftsfamilien ablösen. Wir hören von Skins und Grufties, von Satanskult und Breakdancern, von Skatern und Hooligans und von Sprayern. Extremsportarten haben Hochkonjunktur und die Jugendfeuerwehr, der BUND oder die DLRG haben Nachwuchssorgen.

Wer in seiner Entwicklung schwer angeschlagen ist, sei es, dass er in Wohlstandsverwahrlosung oder in brutalem Elternhaus[38] aufwuchs, der geht meist den Weg ins unsoziale Leben. Und Schlimmeres folgt allzu leicht. So hat die Gewalt erschreckend zugenommen, und zwar sowohl die direkte körperliche als auch die verbale.

Die beiden Morde an der Lehrerin Sigrun Leuteritz (1999 in Meißen) und an dem Schulleiter in Brannenburg (2000) sind die nicht typische Spitze des Eisbergs. Aber immerhin ein Menetekel. Waffen aller Art im Klassenzimmer, Kung-Fu-Gehabe auf dem Schulhof, Drogenhandel auf den Schultoiletten, Erpressung von Mitschülern, unmenschliche Beleidigungen und sexuelle Anmache prägen das Schulleben wesentlich stärker als früher.

Aggression und Gewalt(demonstration) sind in vielen Fällen nicht mehr Mittel zum Zweck, nämlich sich durchzusetzen und zu behaupten, sondern ersetzen die normale zwischenmenschliche Kommunikation. Der Fußtritt in den Hintern, ein demonstrativer Karateschlag oder ein Würgegriff von hinten ersetzen das Gespräch, den Lacher oder auch einen Knuff in die Seite.

In der direkten körperlichen Auseinandersetzung fällt

---

[38] Laut DJI ohrfeigen immer noch 61 % und prügeln 21 % der Eltern ihre Kinder.

erschreckend auf, dass sich nicht nur die **Hemmschwelle**, sondern auch das **Ziel** geändert haben. Nicht mehr der Sieg bzw. die Unterwerfung steht im Mittelpunkt der Auseinandersetzung. Damit war, so wie ich es selbst noch vom jugendlichen Raufen her kenne, die soziale »Hackordnung« wieder hergestellt und speziell wir Jungen konnten zu weiterem gemeinsamen Tun schreiten. Heute ist für den Erhalt oder den Statusgewinn in der Gruppenhierarchie die **physische Verletzung** oder gar **Vernichtung** des Gegners vonnöten. Der am Boden liegende bereits besiegte Gegner muss bluten! Aufgeben langt nicht mehr. Die Hemmschwelle zur Gewalt liegt deutlich niedriger. Das ist wohl ein wesentlicher Unterschied, der unsere heutigen Besorgnisse von den jahrhundertelang währenden Klagen der Älteren über die Jüngeren unterscheidet.

»Wenn Michael richtig zum Schlagen kam, hörte er nicht mehr auf!« sagte im Herbst 1999 ein Klassenkamerad über den 14-jährigen Anführer des Drei-Knaben-Mordkomplotts gegen die eigene Klassenlehrerin Hildegard Niedermayer und die Rektorin Irmgard Jabornitzky der Hauptschule im beschaulichen Metten. Und Metten liegt nicht bei Hoyerswerda, sondern irgendwo verschlafen und wohl behütet im frommen Niederbayern. Besorgnis erregend ist auch, dass die Täter nicht nur brutaler und ihre Taten anonymer sind (z.B. bei rechtsradikaler Brandstiftung in Asylantenheimen), sondern die Kinder dramatisch jünger werden – bis hin zur Strafunmündigkeit. In diesem Zusammenhang spricht man auch von der »**neuen Gewalt**«.

Wir kennen durchaus und leider Kinder, die im Kern schlecht sind, schlecht gemacht wurden und soziopathisch sind, also unfähig, sich in die Rolle von anderen zu versetzen und Mitleid für diese zu empfinden. Kinder, die zu Tätern werden, weil sie Opfer waren. Das sind schwerste Neurosen, und es ist nicht angebracht, mit einem frommen Spruch oder einer reißerischen Schlagzeile darüber hinwegzugehen.

Gewalt in der Schule ist ein Thema! Die Tages-, Wochen- und Monatspresse greift engagiert oder begierig nach jeder von Schülern zum Fenster rausgehängten Lehrerin. Die Zunahme von Gewalt in unseren Schulen ist evident, wenn auch wissenschaftlich nicht eindeutig erwiesen, einfach weil korrekte Vergleichszahlen von früher fehlen. Insgesamt aber hat sich die Gewalt in Deutschland seit 1984 verdreifacht (alte Bundesländer). In Deutschland wurden in den Schulen und der Jugendarbeit während der letzten zehn Jahren etwa 500 Millionen Mark für Programme gegen die Jugendgewalt ausgegeben, also kein Pappenstil. Auch aus anderen Ländern dieser Welt liegen erschreckende Zahlen vor, beispielsweise starben in US-Schulen in einem Jahr neun Menschen.

In Untersuchungen fällt auf, dass viele der Kinder und Jugendlichen eine große moralische Sehnsucht haben und den Wert der eigenen Persönlichkeitsentwicklung an erste Stelle setzen. Das bedeutet allerdings nicht, dass diese gewünschten Werte wie Ehrlichkeit auch wirklich gelebt werden (können). Hier spielen die weitere persönliche Erfahrung und positive Vorbilder durch Lehrer, Stars und Politiker eine große Rolle. Einen Zusammenhang, den Altkanzler Bimbes nicht (mehr) begreifen kann.

Wenn wir genauer hinschauen, dann erkennen wir leicht, dass die Kinder die gruppenspezifischen und Medieneinflüsse nur dann gesund überstehen, wenn sie über einen soliden emotionalen Background aus der Familie verfügen. Wenn wir solche Kinder erleben, dann kommen wir aus dem Staunen nicht mehr heraus. Das sind dann die Kinder, von denen uns unsere Eltern erzählt haben, dass es sie nicht gäbe.

6.2. Bürgerkrieg um die falschen Schüler

Zwei Beispiele aus dem Norden und Süden Deutschlands führen vor, wie um Schüler, die gar nicht auf eine Schule gehören, eine Schlacht geschlagen wird, die im norddeutschen Fall in einen dörflichen Bürgerkrieg umzukippen drohte.

Unter dem Begriff »falsche Schüler« verstehe ich Schüler, die aufgrund ihrer Gewaltexzesse oder latenten Gewaltbereitschaft, ihrer psychischen Schwerstgestörtheit oder totalen Verweigerungshaltung in einer Schule fehl am Platz sind, weil ihnen dort nicht wirklich geholfen werden kann und sie dort im Prinzip zeitweise weggeschlossen und verwahrt werden.

1987 hatte die angeblich libanesische Familie Mahmut mit ihren acht Kindern im niedersächsischen Wiesmoor Asyl und dementsprechend Sozialhilfe erhalten. Schon bald waren die Mahmuts dadurch aufgefallen, dass sie an ihren verschiedenen Wohnorten die Nachbarn durch permanenten Lärm und lebhaftestes Feiern mit ihren zahlreichen Besuchern belästigten. Schließlich landeten die Mahmuts 1993 in einem Zweifamilienhaus im Ortsteil Wiesederfehn, das die Gemeinde extra für 200.000.- DM angekauft hatte. Die andere freie Wohnung konnte keinem Asylbewerber zugemutet werden und wurde deshalb nie belegt.

Keines der schulpflichtigen Mahmut-Kinder besuchte die Schule regelmäßig. Drei der Mahmuts-Jungen im Alter von 11, 13 und 16 Jahren übten auf die 12.000-Seelen-Gemeinde jahrelang einen großen Druck aus: sie schikanierten, verprügelten, erpressten Kinder der Gemeinde, verübten Vandalismus, Einbrüche oder Ladendiebstähle. Allerdings fand auch der eine oder andere deutsche Schüler Gefallen an der Asylanten-Randale und trat in die Libanon-Connection ein.

Die meisten der Wiesmoorer Bürger schwiegen zunächst aus Furcht vor Rache an ihren schutzlosen Kindern, aber auch, um nicht als ausländerfeindlich zu gelten. Verschiedentlich versuchte Gespräche der Sozialpädagogen des Jugendamtes aber auch der Polizei mit den Eltern liefen ins Leere. Nach Verschärfung des Terrors häuften sich dann doch die Strafanzeigen. Die Verfolgung jedoch musste meist von der Polizei eingestellt werden, weil die Opfer strafunmündig schienen.

Die Gemeindeverwaltung beriet auch mit den vorgesetzten Behörden bis hin zum sächsischen Innenministerium – ergebnislos! 300 aufgebrachte Eltern trafen sich in der Gesamtschule und weiterhin in einer Arbeitsgruppe zum Thema Gewalt. Zwei Protestmärsche zum Haus der Störenfriede im Dorf wurden abgehalten, ein dritter Fackelmarsch später abgesagt, weil die Verantwortlichen um die couragierte Schulelternratsvorsitzende Edeltraud Benson befürchteten, die Situation könne eskalieren.

Mitte Juni 1997 wurde Wiesmoor von seinem Alptraum erlöst. In einer Nacht- und Nebelaktion verließ »Familie« Mahmut das ostfriesische Dorf und verzog sich (auf Druck der Bevölkerung) nach Bremerhaven in einen Wohnblock. Mittlerweile dringen auch von dort wenig gute Nachrichten ins nahe Wiesmoor. In Wiesmoor aber beruhigte sich die Situation zusehends. »Sowie der Kern entfernt war, kehrte hier wieder Frieden ein!« sagte mir die SPD-Gemeinderätin Edeltraud Benson in einem Interview. »Klar, es wird sich noch immer gekloppt, aber der Terror hat aufgehört.«

Und wo blieb da die Schulpflicht? Wieso wurde die bei dieser rabiaten Asylantenfamilie nicht durchgesetzt? Otto Plock, der Schulleiter der Kooperativen Gesamtschule in Wiesmoor, zuckte auf die diesbezügliche Frage des Journalisten jedenfalls ratlos mit den Schultern. »Die beiden jüngeren libanesischen Brüder kamen trotz Schulpflicht seit Monaten nicht zum Unterricht. Schriftliche Vorladungen nahmen die gar nicht erst an.« (WELT am Sonntag. 22.6.97) Stimmt es also, dass die deutschen Behörden bei Ausländern widerrechtlich die Augen zudrücken?

Katharina Stegelmann berichtet 1999 im SPIEGEL über einen Fall aus Nürnberg und das klägliche Ende der polizeilichen Autorität, die ebenfalls nicht hinschauen will:

»Bei Iwan S., einem 15-jährigen Russlanddeutschen, ist der Jugendbeauftragte der Polizeiinspektion Nürnberg-Ost, Werner Würfel, 45, am Ende seiner Macht. Auch die Androhung eines Bußgeldes kann den zornigen, verstockten Jungen nicht bewegen, Würfel in die Schule zu begleiten: »Da gehe ich nicht mehr hin.« Als Grund für sein häufiges Fehlen gibt Iwan, der seit vier Jahren in Deutschland lebt, »Langeweile« an. Seine Lehrerin glaubt ihm das aufs Wort. Denn nach einem heftigen Krach mit einem Lehrer an der Hauptschule muss der Teenager seit einem knappen Jahr wieder eine so genannte Übergangsklasse speziell für Immigrantenkinder besuchen – aus Leistungsgründen, wie es hieß. Da Iwan aber wesentlich besser deutsch spricht als seine Klassenkameraden, ist der gesamte Unterricht für ihn zwangsläufig lästig. Anstatt zur Schule zu gehen, traf er sich immer öfter mit anderen Aussiedlerjugendlichen und begann zu trinken. Er stahl, prügelte sich und hing auf der Straße herum. Innerhalb eines Jahres wurde er mehrmals straffällig, so dass er mittlerweile als jugendlicher Intensivtäter polizeilich bekannt ist. Würfel muss unverrichteter Dinge abziehen. Er hätte Kollegen in Uniform anfordern können, die Iwan notfalls in die Schule tragen müssten. Diese handgreifliche Variante wird aber in Nürnberg nicht praktiziert.«

Machen wir's doch auch so: Wenn wir die Schulpflicht ablehnen, verhalten wir uns einfach möglichst rabiat, dann lässt uns der sonst so akribische und bei der Vorführung von schulunwilligen Schülern selbst rabiate Staat schon in Ruhe. Oder müssen wir, um nicht mit Schulversäumnisanzeigen überzogen zu werden, erst den Asylanten- oder Aussiedlerstatus erreichen? Warum kann Herr Würfel nicht – statt ein für Iwan lächerliches Bußgeld anzudrohen – die zeitweise Aufhebung der Schulpflicht beantragen und eine Überweisung in eine sozialpädagogische Fördermaßnahme erreichen helfen. Warum lässt der Gesetzgeber Herrn Würfel macht- und ratlos?

In Baden-Württemberg hat der Gesetzgeber genau daran zumindest gedacht. § 87 des SchG macht ausdrücklich eine Ausführungsvorschrift für die zeitweise Beurlaubung vom Unterricht für Kinder mit seelischen Leiden möglich, die ihren »Verbleib in der Schule aus Rücksicht auf das Wohl ihrer Mitschüler« verbieten. Diese Ausführungsvorschrift wurde bis jetzt aber nicht erlassen. Wenn für diese Kinder eine positive sozialpädagogische Lösung vorbereitet und angeboten würde, dann wäre dieser Schritt sehr zu begrüßen. Und die Schulpflicht wäre wieder ein kleines Stückchen ausgehebelt.

6.3. Wo kommt denn die Gewalt bloß her?

Zentrale Frage in der Gewaltdiskussion ist immer wieder: Wo kommt der Anstieg der Gewalt her? In den Antworten werden sehr verschiedene Faktoren genannt und verschieden gewichtet, je nachdem welches Menschen- und Gesellschaftsbild der Antwortende hat. Pauschal kann man vielleicht sagen, dass Gewalt unter Jugendlichen im weitesten Sinne als ein Widerspiegelungsphänomen gesellschaftlicher Gewalt auf allen Ebenen begriffen werden kann. Das ist zwar eine verwaschene Erklärung, aber sie verhindert zumindest die monokausale Erklärung des typisch deutschen Stammtisches (»Ich sag' euch, das dauernde Fernsehen! – Aber kein Wunder, bei den Eltern!«)

Das Märchen von der heilen Welt von früher ist bloß

ein Märchen. Aus dem beschaulichen Heidelberg der letzten Jahrhundertwende liegt uns ein Bericht des damaligen Gymnasiasten Alexander von Bernus aus seinen Lebenserinnerungen »Wachsen am Wunder« vor, der zeigt, dass »klassenkämpferischer« Schulhorror und Messerstechereien auch unter Wilhelm II. schon existierten. Bernus erzählt von einem »veritablen« Klassenkampf zwischen Gymnasiasten und Volksschülern. »Der Anführer der Volksschüler war ein gewisser Sutter, ein rabiater Bengel und Draufgänger, ein richtiger Gangster. Der hatte seine Mannschaft regelrecht organisiert, und so erwarteten sie uns nach Schulschluss allenthalben hin verteilt, so dass sie alle Straßen, die auf das Gymnasium zuführten, blockierten. Sie lauerten uns auf in Gruppen und bewaffnet mit Schlagriemen, gummiknüppelartigen Tüchern, in die Steine eingeknotet waren, und für die Verfolgung auch mit Schleudern. Da unser Heimweg sich natürlich sehr bald trennte, weil die einen da, die andern ganz woanders wohnten, so gelang es unseren Auflauerern, die jeden kannten, und die Wege, die die Einzelnen zu nehmen hatten, wussten, uns getrennt zu überfallen.

Die Folge davon war, dass dieser oder jener von den unsrigen dabei recht übel zugerichtet wurde. Umso erbitterter erfolgte dann am nächsten Tag der Aufeinanderstoß der beiderseitigen Massen auf dem Universitätsplatz, so dass der gegenseitige Hass zuletzt in einen veritablen Kampf aufs Messer ausartete. Der Sutter hatte es gezogen und stach im Nahkampf einen meiner Klasse in den Oberarm, dass er verbunden werden musste. Dieser Vorfall nun bereitete dem feindseligen Treiben ein abruptes Ende, denn die Lehrerschaft der beiden Schulen trat dazwischen und die Volksschüler erhielten eine ernstliche Verwarnung. Was der Hauptanstifter des gegnerischen Lagers, Sutter, wegen seiner Messerstecherei für eine Strafe abbekam, ist nicht bei uns bekannt geworden, sicher aber keine unbedeutende, denn von dem Augenblick an gaben die Volksschüler Ruhe und der Sutter ging seitdem nur mehr verbissenen Grimms an uns vorüber.«

Damals konnten Gewaltausbrüche also noch besser durch simple Unterdrückung und Strafen seitens der Lehrer kontrolliert werden. Dies erweist sich heute oft als wirkungslos.

Beim Erwerb gewaltförmigen Verhaltens spielt das Prinzip des **Lernens am Modell** eine zentrale Rolle. Gewaltbereitschaft sei keine fixe Größe in der Biographie von Menschen, meint der Heidelberger Professor für Sonderschulpädagogik Edmund H. Funke und betont den Modellcharakter beim Erwerb der Gewaltbereitschaft. »Gewaltbereitschaft wird am Modell durch eigenes Erleiden von Gewalt und/oder durch die mittelbare Erfahrung gelernt, dass im Sinne der Zweck-Mittel-Relation Gewaltanwendung eine (scheinbar) einfache und effektive Zielerreichung verspricht. Gewaltbereitschaft kann auch ›verlernt‹ werden. Dies ist aber umso unwahrscheinlicher, je mehr die Kinder und Jugendlichen (...) sich daran gewöhnen, Gewaltanwendung als primäre Konfliktlösungsstrategie in Situationen subjektiv empfundener und anders nicht zu bewältigender Hilflosigkeit einzusetzen.«

Wer bei der Entstehung und beim Auftreten von Gewalt die individuelle Seite betont, legt auch die Lösung des Problems eher in die individuelle Hand der Eltern, der Lehrer, der Polizei usw. Das klingt dann in etwa so: »Der Verfall von Moral und Erziehung ist schuld! Die Lehrer greifen heute nicht mehr durch!« Hier bleibt die Verantwortung beim Täter. Rache und Strafe stehen weit vor dem Gedanken der Sühne, des Ausgleichs und der Besserung des Täters, z.B. durch Therapie. Das Augenmerk wird auf das Opfer gelenkt.

Wer die gesellschaftliche Seite bei der Entstehung von Gewalt betont und davon ausgeht, dass die Ursache der Gewalt in den sozialen Ungerechtigkeiten liegt, der übernimmt damit auch quasi eine gesellschaftliche Verantwortung und erwartet politische und strukturelle Lösungen (z.B. Erziehungsgeld, Kindergartenplätze für alle, Jugendhäuser). In diesen Zusammenhang gehört auch die Betrachtung der Institution Schule. Dieser schulische Einfluss lässt sich noch genauer benennen, es ist das Schulklima.

Das Schulklima, das wiederum stark von der Schulpflicht geprägt wird, spielt eine wesentliche Rolle bei der Entstehung und der Äußerung von Gewalt und dem Umgang mit ihr. Es führt dazu, dass sich Schüler verwaltet und bestimmt vorkommen, anstatt teilhaben zu können an gemeinsamen Entscheidungen. Negativschlagwörter beherrschen die Schulszene: Anonymität, Frustpotenzial, Ohnmacht, mangelnder Respekt, Druck, Verantwortungslosigkeit, Unselbständigkeit, Konkurrenz und Gewalt.

Nicht nur Schüler, sondern die Struktur der Schule (und hier besonders die Schulpflicht) übt Gewalt aus: sowohl über die durch Johan Galtung bekannt gewordene »strukturelle« Gewalt als auch durch direkte Gewalt (Disziplinarmacht). So sehr, dass der bekannte Schuldidaktiker Hilbert Meyer in einer These formuliert: »In Handlungssituationen konstituiert sich das schulische Gewaltverhältnis!« Und in diesen gewaltförmigen Situationen wird erzogen! Fühlen sich Schüler häufig subjektiv überfordert und erleben deshalb hohen Leistungsdruck (wie z.B. in der Hauptschule), steigt die Gewaltbereitschaft erneut[39].

Angelika Klaska, Vorstandsmitglied der »Aktion Humane Schule« aus Pinneberg, sieht im Notendruck und der Selektion sowie dem verschlossenen Geldsack des Staates die Gewaltbereitschaft an den Schulen gefördert: »Unser Schulsystem ist darauf ausgelegt, vom ersten Tag

---

[39] so die Studie »Schülergewalt als Schulproblem« des Bielefelders Professors Klaus-Jürgen Tillmann

an die Schüler herauszufiltern, die schlechter abschneiden als ihre Klassenkameraden, und sie mit Nachdruck auf ihre Defizite hinzuweisen. Seit Jahren weisen Erziehungswissenschaftler darauf hin, dass es sinnvoller wäre, Kinder nach ihrem individuellen Vermögen zu fördern. Das aber kostet Geld. Und dieses Geld ist nicht da! (?)«

Auch Toni Hansel, Professor für Schulpädagogik an der Uni Rostock, will nicht die ganze Verantwortung den Eltern zuschieben. Er sieht die Schule gleichfalls in der Pflicht. »Jugendgewalt hat etwas damit zu tun, dass sich Kinder und Jugendliche in unserer Gesellschaft allein gelassen fühlen, ihrer eigenen Unmündigkeit überantwortet. Sie sind meist noch nicht in der Lage, ihre Angelegenheiten selbst zu steuern. Wir erwarten da ein bisschen viel; und deshalb muss die Schule da ran. Es müssen sich mehr Lehrer bereit finden, den Kindern ihr Ohr zu leihen, Zeit zu haben, auch mal über die Pause hinaus. Sie müssen bei auftauchenden Problemen auf die Schüler zugehen und sagen: ›Pass auf, darüber müssen wir mal reden.‹«

Auch wenn Gewalt an Schulen in beiden Hälften Deutschlands gleichermaßen auftritt, richtet sie sich im deutschen Osten in viel stärkerem Maße gezielt gegen Lehrer (so sagt es wenigstens eine Untersuchung des Dresdner Erziehungswissenschaftlers Melzer). Ursache dürfte das weit auseinanderklaffende Verhalten von Schülern und Lehrern sein. Die Kids haben sich schneller (weil sie einfach immer schneller sind!) in der kapitalistischen Spaßgesellschaft eingerichtet als ihre Pauker. Die trauern offen und heimlich dem spießbürgerlichen Gehabe der Parteipädagogik und den morgendlich-zackigen FDJ-Appellen samt versteckter Prügelpädagogik im Klassenzimmer nach.

So erzählt der Sportlehrer mit verschämtem Grinsen, dass ein Schüler in seiner Sportstunde »in die Ecke geflogen sei«. Auf Nachfrage bricht er verunsichert ab. In Therapien berichten Lehrer immer wieder über orgiastische

Gewaltphantasien gegen Schüler. 40 Jahre kleinbürgerliche Erziehung zur Blockwartsmentalität lassen sich nicht so einfach auslöschen. Und diejenigen, die auf der Seite der Macht tagtäglich gelebt und davon profitiert haben, sollen jetzt plötzlich flexible, partnerschaftliche Lehrer spielen? Das kann nicht so einfach klappen!

Trotzdem: Schon aus Selbstschutz müsste sich im Osten stärker und schneller etwas ändern. Zumindest, wenn die unglaubliche Zahl einer Studie der Universität Potsdam stimmt, dass 85% der brandenburgischen Lehrer psychisch krank seien. Vor den Weihnachtsferien 1999 waren z.B. in einer Brandenburgischen Schule von 48 Kollegen 17 krankgemeldet.

Aber auch stabile Lehrer (in Ost und West) mit Zeit und einem offenen Ohr können weder Gewalt beseitigen, noch sind sie in der Lage, eine Nacherziehung der 2 – 5 % gewaltbereiten Schüler[40] an deutschen Schulen zu leisten. Eine gute Schule kann intensiv und positiv kommunizieren, d.h. moderieren, lindern, konfrontieren, auffangen, konsequent sein, stützen oder motivieren, damit Schule ein »Ort der Hoffnung«[41] ist – aber eben nicht nacherziehen! Das kann nur ein eigenständiges sozialpädagogisches Arbeitsfeld. Schließlich kommen oft die falschen Schüler in unsere Schulen!

---

[40] je nach Untersuchung werden verschiedene Zahlen angegeben
[41] aus einem Interview mit Klaus-Jürgen Tillmann (FAZ, 19.3.2000)

7. SCHULPFLICHT FÖRDERT DIE GEWALT

7. fatale Folge: Täglich lässt die Schulpflicht in den eng umgrenzten Arenen der Klassenzimmer Kämpfer aufeinander los, die im Prinzip nicht fliehen können. Soziales Leben findet unter Zwang statt, wodurch die Gewalt zusätzlich gefördert wird. Schüler, besonders in der Haupt-, Gesamt- und Berufsschule, werden zu Horrorgestalten für Lehrer und Mitschüler (Bullying). Es scheint so, als rächen sich Schüler (an den falschen Lehrern) für die ihren Vorgängern jahrhundertelang von Prügelpädagogen angetanen Abscheulichkeiten. Die Polizei erscheint immer öfter in den Schulen, sei es wegen krimineller Taten oder um einen Dauer-schwänzer vorzuführen. Bald werden auch bei uns Bodyguards samt scharfer Waffen vor der Klassen-zimmertür patrouillieren (Schul-Sheriffs), wie in amerikanischen Konfliktbezirken schon seit langem. Dabei ist die Durchsetzung der Schulpflicht gegenüber Absentisten ein einziges Paradoxon: dann nämlich, wenn die Schule einen Schüler wegen Störung auf Dauer vom Unterricht befreien kann. Trotzdem droht Vater Staat mit Schulzwang und Polizeivorführung und schießt damit gelegentlich auf Spatzen.

7.1. Bilderbogen des Schulhorrors

»Die Krise hat die Jugend erreicht,« heißt es in der jüngsten SHELL-Jugendstudie. Und die Krise hat die Schule erreicht. Ein Großteil der Kinder und Jugendlichen erkennt die Schule nicht mehr als Institution an, die etwas

Wertvolles für ihr derzeitiges oder gar für ihr zukünftiges Leben vermitteln kann.

Die Schulpflicht verschärft diese große gesellschaftliche Krise. Schulpflicht zwingt die Schüler und die Lehrpflicht die Lehrer in eine ungesunde **Beziehung**, in der nicht die Freiheit des Geistes und die Faszination des Lehrers am Lerninhalt maßgebend sind, sondern Noten, Druck und Beziehungsclinch. Der pädagogische Eros jedenfalls ist längst auf der Strecke geblieben, vielleicht noch lebendig am ehesten bei begnadeten Lehrern in der Grund- oder Sonderschule, aber meistens langsam auf der Garrotte der Schulpflicht erdrosselt.

In den Gymnasien lässt sich der scheue Gast oft überhaupt nicht blicken. Gute Lehrerinnen halten ihn dort sogar vor den Kollegen »Fachleuten« verborgen, gilt es doch oft als anrüchig, als »Pädagoge« und nicht als »Fachmann« zu gelten. Hier hört man nicht selten sogar die Bemerkung, dass jeder gute Biologe mit etwas Geschick und gutem Willen auch ein guter Lehrer sei. Genauso sieht dann auch der Unterricht aus. Bloß merkt das keiner. Nur die Schüler, aber die zählen ja nicht. Die drehen durch. Wenn Lehrer daraufhin schwach werden, sind Beleidigungen, Ausflippen, Kujonieren und Nervenzusammenbrüche Resultate der Schulpflicht.

Die angezeigte Gewalt an den Schulen stieg allein in Baden-Württemberg im Jahr 1999 von 3060 (1998) auf 3900 Fälle an. Ein Drittel aller Schüler der Klassen sieben bis dreizehn berichten auch von körperlicher Gewalt gegen Lehrer.

Wenn alles nichts mehr nützt, wenn alles versucht wurde, wenn Klassenkonferenzen abgehalten, wenn individuelle Gespräche mit und ohne Eltern gescheitert sind, wenn der Schulleiter einen zeitweisen Schulverweis ausgesprochen hat, wenn der eingeschaltete Sozialarbeiter nichts bewirkt hat, wenn der Schulpsychologe abgeblitzt ist, wenn Lehrer vor dem Scheitern-Haufen stehen: was dann? Können die Lehrer dem Schüler mitteilen, dass es so nicht weitergeht? Dass sie sein Verhalten grundsätzlich nicht mehr akzeptieren? Dass sie ihn hier auf der Schule nicht mehr wollen – trotz Schulpflicht?

Das Verwaltungsgericht Mainz hat 1998 in einem bemerkenswerten Urteil (7L 613/98) tatsächlich einen Schüler auf Dauer von seiner Schule ausgeschlossen. Als Schüler der zehnten Klasse hatte er an einer Schule für Lernbehinderte seine Lehrerin wiederholt massiv körperlich attackiert. Der Schulleiter hatte ihn schließlich mit sofortiger Wirkung auf Dauer vom Unterricht ausgeschlossen. Das Gericht bestätigte den Ausschluss, weil der Schüler eine ernste Gefahr für Erziehung, Sicherheit und Unterrichtung der MitschülerInnen bedeutete. Allerdings, befand das Gericht, könne der Schulausschluss wegen der Schulpflicht nicht generell gelten, sondern nur für die Schule, an der die Vorfälle stattgefunden hätten. Eine andere Sonderschule erklärte sich dann bereit, den Gefeuerten als Heim- oder Tagesschüler aufzunehmen.

Von diesem täglichen Krieg im Klassenzimmer wissen besonders Lehrer der Haupt-, Gesamt- und Berufsschulen zu erzählen. Letztere haben am stärksten zu kämpfen. Lehrer in den Klassen und Schularten, in denen Schüler wegen mangelnder Leistung »sitzen bleiben« können, haben ein gewisses Druckmittel zur Hand. Diese Schulen können sich im Falle der Erfolglosigkeit aller Bemühungen von schulunwilligen Schülern trennen. Das geht aber in den Auffangklassen des Berufsvorbereitungsjahres (BVJ) und aller anderen Modelle nicht oder nur ausgesprochen schwer. Hier und in den letzten Hauptschulklassen (auch der Gesamtschulen) hetzt unsere Bildungssystem inkompatible Teile aufeinander.

Im Prinzip gilt das auch für die Sonderschulen für verhaltensgestörte Kinder. Allerdings können die innere Struktur der Sonderschule, die speziell ausgebildeten Lehrer und die größere Freiheit vom Curriculum zugunsten einer individuellen Förderung diesen Crash abfedern helfen. Also: immer da, wo Schüler und Lehrer auf Gedeih und Verderb zusammengeschweißt sind, droht Schulpflicht zum Horrortrip zu werden. Das Imperium schlägt zurück!

Schüler zeigen z.B. oft große **Teilnahmslosigkeit**; sie schlafen stundenlang in der Bank, vielleicht weil sie nächtelang jobben oder einfach keine Lust am Unterricht haben, in den sie die Schulpflicht ja hineinzwingt. Manche zeigen aber mitnichten solche Passivität, sondern eine **aktive Verweigerungshaltung**. Sie pöbeln, meckern, prügeln, sticheln oder werfen gefaltete Arbeitspapiere als Schwalben durchs Klassenzimmer.

Auf Schülerseite lassen sich untereinander Übergriffe aller Couleur nennen. Die Amerikaner bezeichnen diese Anmache und das Drangsalieren der Mitschüler als »Bullying«: angefangen vom Brüllen, Geld oder Markenklamotten erpressen, sexuellen Attacken bis zum Messer im Unterricht. Schulen sind Stätten der Kriminalität: es wird geklaut, Geld und Güter erpresst und gedealt. Eine Studie gibt (kaum glaublich) an, dass 80% der Hamburger Schüler schon einmal von ihren Mitschülern um Geld oder Markenklamotten gebracht oder sogar zu Diebestouren ins Kaufhaus gezwungen worden seien.

Die sexuellen Attacken gegenüber Mädchen nehmen Lehrer immer noch nicht genügend ernst, besonders wenn diese scheinbar harmlos im Verbalbereich beginnen. Der Spruch »Alle Mädchen sind blöd!«, sagt die Münchener Sozialwissenschaftlerin Anita Heiliger, repräsentiere die Basis des männlichen Überlegenheitsgefühls, worauf sich dann leicht sexistische Anmache und sexuelle Übergriffe aufbauen können. Hier bleibt viel im Dunkeln – aus Überforderung, Bequemlichkeit oder mangelnder Zivilcourage.

Immer wieder kommt es bei einzelnen Schülern auch zu seelischen Zusammenbrüchen, die Lehrer gar nicht auffangen können, sei es, dass die Zeit fehlt oder eine entsprechende Schulung. Selbst (fast noch) Kinder, tragen manche Mädchen das Problem der ungewollten Schwangerschaft in eine Klasse hinein.

Montags morgens gleichen Berufsschulklassen manchmal einer Sanitätsstation im Krieg. Brutalitäten, sexueller Missbrauch oder familiäre Belastungen (z.B. wurde ein Bruder nachts von der Polizei in den Knast abgeholt) müssen auch sprachlich verarbeitet werden. Seelische Grausamkeiten werden berichtet, von deren Erfahrungszusammenhang der Mittelschichtslehrer gefühlsmäßig oft Lichtjahre entfernt ist. So, wenn eine 16-Jährige durchaus zufrieden erzählt, dass sie mit ihrem Freund das Wochenende wieder im Ehebett der Eltern verbringen durfte. Der Vater hatte dafür seine eigene Tochter prostituiert, indem er 20.- DM vom Freund kassierte.

Manchmal kommt es auch zu körperlichen Attacken gegen Mitschüler. Immer wieder erleben wir Prügeleien auf dem Gang. Oft gehen Mädchen noch gnadenloser miteinander um als Jungen. Manchmal kochen sie ihre Wut monatelang auf heimlicher Sparflamme, um dann bei passender Gelegenheit zu explodieren. Oder Mädchen prügeln sich für ihre Beziehung. Stutenbissig wird dann gern noch eine Demütigung hinterher geschickt.

So verprügelte in Bremen ein Mädchen eine Klassenkameradin, da diese ihren Freund angebaggert hatte. Zum krönenden Abschluss des Gewaltexzesses schob sie ihr symbolträchtig einen Zettel mit der Aufschrift »Nutte« in die Vagina. Und: Mädchen können in der Clique auch »ihre« Boys zur Gewalt anstacheln, die dadurch dann in der Skala sexueller Attraktivität aufsteigen.

Mobbing mit Fertigmachen, nächtlichem Telefonterror oder schmutzigen Briefen gegen Mitschüler aber auch gegen Lehrer kommt vor. Sehr oft wehren sich die Betroffenen nicht aus Angst vor Schlimmerem. Und immer wieder Vandalismus. Tagsüber oder bei Einbrüchen des Nachts erleben wir verstopfte oder zerschlagene Toiletten, sinnlose Zerstörung von Mobiliar oder Akten. Eine Schule, die nicht die eigene ist und in die einen Schulpflicht hinein zwingt, kann man offensichtlich aufs Übelste demolieren. Von hirnlosen und schlecht gemachten Graffiti ganz zu schweigen. Da nützt es auch nichts, wenn der Kreistag beim Schuleingang – den Schülern zur Mahnung – eine große Tafel anbringen lässt, was den Steuerzahler diese Schule täglich an Unterhalt kostet. Schließlich ist das nicht ihre Schule.

Im Herbst 1999 schreckt Deutschland kurz auf: der erste Lehrermord an der Lehrerin Sigrun Leuteritz 1999 in Meißen (Sachsen) durch ihren 15-jährigen Schüler Andreas S. ist zu beklagen, kurz darauf gefolgt von einem sorgfältig vorbereiteten Mordversuch in Metten (Bayern). Anfang 2000 dann der zweite Lehrermord: Im oberbayrischen Brannenburg erschießt ein 16-jähriger Cannabis-Fan aus Frust über seinen Schulverweis den Schulleiter seines Internats mit der großkalibrigen Waffe des Vaters, eines Waffennarrs. In Metten blieb es bei einem Versuch! Dabei stellte sich die Lehrerin Hildegard Niedermayer sogar freiwillig ihrem Schüler Michael, ihrem potenziellen Mörder, der morgens harmlos in der Klasse saß.

Warum ging sie, wo die Polizei schon im Anmarsch war, überhaupt noch an ihren Arbeitsplatz, das Lehrerpult der Klasse 8a in Klassenzimmer 232 der Hauptschule Metten? Sie hat wohl einfach nicht glauben können, dass die Tat wirklich ernst geplant war und fühlte sich von der Lehrpflicht ins Klassenzimmer getrieben. Die Rektorin vernachlässigte ihre Fürsorgepflicht, indem sie der Lehrerin nicht den Gang in die Klasse untersagte. Offenbar war der Rektorin die Aufsichtspflicht wichtiger als die vage Fürsorge. Überall schwebten Pflichten, doch keine Hilfe weit und breit! Wenn Frau Niedermayer ihren Schüler Michael frühzeitig in ein sozialpädagogisches Betreuungsangebot hätte vermitteln können, hätte das Kind zumindest Hilfe erhalten. Aber da steht die Schulpflicht ja vor!

Oder hätte Frau Niedermayer wie ihr männlicher Kollege Carsten Freytag aus Essen reagieren sollen? Der berichtet im STERN 50/99: »Ich stehe vor der Klasse und sage: »Heute schreiben wir ein Diktat.« Ali stürzt mit wutverzerrtem Gesicht auf mich zu und rammt mir etwas Spitzes in die Seite. Seine warme Spucke spritzt auf mein Gesicht: »Kein Diktat, oder ich stech Sie ab!« »Stich doch zu, du Feigling!« Verblüfft schaut er mich an und sagt: »Sie sind echt in Ordnung; ey!««

Hätte Frau Niedermayer das psychisch überhaupt gekonnt, quasi als Mitglied einer Streetgang zu operieren und ihre Gesundheit oder gar ihr Leben in die Waagschale zu werfen, damit ein Kind sie als kompetent und mächtig anerkennt? Ich weiß nicht, ob das jedermanns Sache ist.

Die Lehrermorde und -attacken der letzten Zeit zeigen mittlerweile Folgen. Eine Schülerdrohung wird jetzt ernster genommen. Das ist gut, aber die Medienresonanz reizt manche Schüler auch zur Nachahmung.

- Im Dezember 1999 erhielt eine Lehrerin der Realschule im niedersächsischen Sulingen zwei Postkarten mit Morddrohungen. Daraufhin pfiffen 250 Schüler auf die Schulpflicht und blieben zu Hause. Die Lehrerin tauchte an einem sicheren Ort unter.

- Im Februar 2000 schockte eine 16-jährige Gymnasiastin das brandenburgische Müncheberg, als sie – offenbar in Nachahmung der amerikanischen Gewalttat von Littleton/Colorado mit 13 Toten – an Führers Geburtstag (20.4.) mit fünf Handgranaten und einer halbautomatischen Waffe ein Blutbad unter Lehrern und Schülern anzurichten beschlossen hatte. Das Mordkomplott flog auf, weil sich Mitschülerinnen der Schuldirektorin anvertraut hatten. Die Schülerin kam in die Psychiatrie.

• Im April 2000 war in Stuttgart ein 15-jähriger Schüler über eine Testarbeit so verärgert, dass er die ganze Klasse samt Lehrerin im Klassenzimmer einschloss und mehrfach in die Decke schoss. Zum Glück war die Waffe eine Schreckschusspistole.

Es ist die Schulpflicht, die Lehrer und Schüler in den täglichen »Klassenkampf«, zwingt. Lehrer stehen dabei zahlreichen Problemen gegenüber, deren Lösung oft genug nicht an ihrer Person oder im Bereich ihrer Möglichkeiten liegt. In einem Schulsystem ohne Schulpflicht entstünden Schulen, die Schüler wesentlich persönlicher ansprechen und motivieren würden, so dass viele der hier genannten Probleme gar nicht auftauchten bzw. flexibler und sozialpädagogisch verantwortlich damit umgegangen werden könnte.

7.2. Mit Kanonen gegen Spatzen?

In US-amerikanischen Gettos ziehen – trotz fehlender Schulpflicht – seit Jahren und immer häufiger schwarze Schul-Sheriffs mit ihren Kanonen vor den Klassenzimmertüren auf. Können wir also im Umkehrschluss behaupten: Wenn wir in Deutschland die Schulpflicht abschaffen, dann bekommen wir amerikanische Verhältnisse?! Ein Fehlschluss. In den USA sind die Schulsheriffs eine Antwort auf ein »Klassen«-Problem, das sich primär am Wohnort, genauer dem schwarzen Getto, orientiert. Schulpflicht würde diese Situation noch verschärfen, aber Bildungspflicht sie nicht grundsätzlich lösen, weil kein umfassendes (teures) sozialpädagogisches Auffangbecken bereitsteht. Die Abschaffung der Schulpflicht muß immer auch mit einer Stärkung der Sozialpädagogik einhergehen, sonst bleiben die Schulen letztes Sammelbecken vor dem Knast. Und in dieses Sammelbecken strömen keine Spatzen, son-

dern Falken. Mit Schlagringen und scharfen Waffen un-
term T-Shirt. Kein Zweifel: Solche Schüler sind keine Spatzen. Aber die Antwort der Kanone kann eigentlich niemanden befriedigen, außer vielleicht große Waffennarren.

Wenn aber deutsche Polizeibeamte Kinder und Jugendliche – Dauerschwänzer oder etwas feiner: »Absentisten«
– in die Schule zum Unterricht vorführen, dann wird mit
Kanonen auf Spatzen geschossen. Dann verkehrt sich das
pädagogische Verhältnis und der Geist einer Klassenge-
meinschaft ins genaue Gegenteil. Die Pädagogik ist radikal auf einen ihrer Aspekte, nämlich die körperliche Kontrolle bzw. die Aufbewahrung von Schutzbefohlenen, reduziert. In dieser Reduktion hat sie ihren strukturellen
Tiefpunkt erreicht, der Lehrer wird zum Handlanger der
Ordnungsmacht Polizei, und diese Komplizenschaft stört
ohne Zweifel massiv das notwendige partnerschaftlich-
pädagogische Verhältnis. Was der Junge M. im nachfol-
genden Fallbericht braucht, ist kein Polizist, aber auch
kein Lehrer. M. braucht einen väterlichen Freund oder
Berater. Vielleicht sogar einen Therapeuten.

»M. ist vier Tage nicht zur Schule gekommen, wieder
einmal nicht. Die Mitschüler wissen, wo er jobbt und wo
er sonst zu finden wäre. Die Klassenlehrerin weiß schon,
was die Mutter am Telefon sagen wird: »Was, er ist doch
morgens losgegangen! Was soll ich machen, der Junge
hört nicht mehr auf mich.« – Die Schülerakte erzählt in
der trockenen Sprache der Bürokratie die Geschichte fort-
gesetzter Versuche, den Jungen in die Schule zu holen.
Nun wäre Schulversäumnisanzeige zu stellen, wonach er
in letzter Konsequenz von der Polizei vorgeführt werden
könnte. Bevor diese Möglichkeit zum Zuge kommt, erscheint M. wieder in der Schule. Selbstverständlich findet
ein Gespräch mit ihm statt. Er gelobt wiederum Besserung. Nein, seinen Abschluss will er ja. In der nächsten
Zeit wird M. einzelne Stunden »abhängen« oder erst zur
dritten Stunde in der Schule erscheinen. Kontrolle der An-

wesenheit, Rücksprache mit Kollegen, wieder Anrufe bei der Mutter. Der Musiklehrer berichtet im Lehrerzimmer, M. erscheine regelmäßig zu den Proben in der Schulband, sei dort eine Stütze, er würde ihn ungern verlieren. Was tun?« (Elfferding, www.freitag.de)

Aus dem Bericht spürt man die Ratlosigkeit und die vergebene Liebesmüh der Lehrer. Doch auch die Polizei scheint nicht glücklich zu sein, wenn sie bei Dauerschwänzern einschreiten muss. Selten äußern sich Polizeibeamte dazu direkt. Im STERN 50/99 klagt M. Kelle, Polizist in Viersen einmal öffentlich: »Wenn Eltern und Schule nicht weiterkommen, ist die nächste Station meist die Polizei. Auch hier herrscht Frustration über immer wiederkehrende ›Kundschaft‹, oft noch im Kindesalter.«

Dauerschwänzen ist eigentlich kein großes Problem in der Schule, aber wenn es auftritt, dann ist es mit viel Ärger, Aufregung und Aufwand (insbesondere bürokratischem) verbunden. In der Regel schwänzen Kinder nicht einfach so die Schule, sondern Schuleschwänzen ist ein Symptom für eine endlos lange Latte von häuslichen, schulischen und persönlichen Konflikten: sei es, dass ein Lehrer einen Zögling auf dem Kieker oder König Alkohol die Altvorderen im Griff hat, sei es dass die lieben Klassenkameraden den Looser mobben oder die Eltern den Sprössling zu Hause dringend brauchen (z.B. weil die Mutter schizophren ist und die kleineren Geschwister zu versorgen sind oder in der Kebab- oder Buletten-Bude Bedienung fehlt).

In Nürnberg jedenfalls ist die Gruppe der störenden Dauerschwänzer unter Haupt- und Sonderschülern 0,4 Prozent stark. An ihnen gehen die Segnungen des »Nürnberger Trichters« spurlos vorbei. Trotzdem sahen die Stadt- und andere Überväter Handlungsbedarf, denn immerhin nahm die Zahl der Schwänzer zwischen 1993 und 1998 um 39,2 Prozent zu. Das Schüler-Fangen in Nürnberg gehört zu einem breit angelegten Modellprojekt zur kommunalen Kriminalprävention, dem »Sicherheitspakt der Stadt Nürnberg«, der 1998 zwischen Stadt, Polizeidirektion und Justiz geschlossen wurde. Das Modell soll auf ganz Bayern ausgedehnt werden. Denn Schulpflicht ist nun mal Gesetz!

Ziel der Kooperation ist die Prävention, also die Reduktion der Kinder- und Jugendkriminalität. Dabei ist der Zusammenhang zwischen Schuleschwänzen und Kriminalität empirisch noch gar nicht nachgewiesen. Jedenfalls kann in Nürnberg die Schule nach Versagen aller pädagogischen Bemühungen und Ordnungsmaßnahmen einen Schüler nach zehn Tagen unentschuldigtem Fehlen per Antrag beim Schulamt polizeilich vorführen lassen. Und weil schulmüde Teenys offenbar die öffentliche Ordnung stören, wird der Schulzwang auch ganz praktisch durchgeführt. Prompt werfen Streifenpolizisten auf ihren Streifengängen durch die Innenstadt kritische Blicke auf verdächtig aussehende schulpflichtige Schulflüchtige. Da bleibt so manches Pickelface im Polizeigriff stecken und wird der Schule gnadenlos wieder zugeführt. Günther Beckstein, Bayerns Oberpolizist und Innenminister, ist hellauf begeistert, dass Polizisten Schüler am »Schlawittel«[42] in die Klasse schleppen.

Viele Pädagogen, Schulpsychologen und Sozialarbeiter sind mit den neuen Schulsheriffs weniger glücklich. Beispielsweise Uwe Morgenstern, fränkischer Bezirksvorsitzender des »Deutschen Berufsverbandes für Sozialarbeit, Sozialpädagogik, Heilpädagogik«, ist über die Nürnberger Einsätze »entsetzt«. Eine derartige Kontrolle unter dem Vorwand der Prävention kommt für ihn einem Orwellschen Alptraum nahe. Geriete sein Kind »in diese Maschinerie«, würde er wahrscheinlich »bis vors Bundesverfassungsgericht ziehen«.

Wohl jeder Schule, die statt Sheriffs einen Sozialarbeiter in ihren Mauern beherbergt! An der Nürnberger Lud-

---

[42] bayrisch für »Schlafittchen«

wig-Uhland-Schule ist dies die Sozialpädagogin Monika Paul. Sie kümmert sich neben ihrer Beratungstätigkeit für Schüler und Eltern auch um Schwänzer. »Bisher ist sie immer mit dem Schlingel im Schlepptau in der Schule erschienen,« schreibt der STERN (47/99), und: »Hätten alle Schulen eine eigene Sozialpädagogin«, davon ist ihr Schulleiter Ditmar Heinl überzeugt, »wäre der Einsatz der Polizei bald überflüssig.«

Andere Fachleute wiederum können sich mit dem Nürnberger Modell durchaus anfreunden, versprechen sie sich doch eine abschreckende Wirkung bei der Konfrontation des Sünders mit der Staatsmacht. Und: die »Ereignismeldung« durch die Polizei gibt den Sozialpädagogen des Jugendamtes endlich den manchmal langgesuchten Anlass, in den Elternhäusern vorzusprechen. Und da wird dann doch oft die angebotene Hilfe von überforderten Eltern angenommen.

Erinnern wir uns nochmals daran, dass jede Polizeivorführung ein Paradoxon par excellence ist. Der Spatz, der mehr oder wenig brave Schulschwänzer, wird von der Polizei mit Kanonen erlegt und in der Schule vorgeführt – derselbe Spatz erlebt aber sofort seinen Rausschmiss, wenn er nur genügend stört! Unter dem Gesichtspunkt der Effektivität müsste man eigentlich jedem spatzenhaften Absentisten raten: »Sei ein Falke und hau auf den Putz, was das Zeug hält; dann lassen sie dich in Ruhe!«

Damit in unseren Schulen nicht bald schwarze Sheriffs die Lehrer und Mitschüler vor solchen Falken schützen müssen, sollten wir die Schulpflicht abschaffen und die Schüler, die auf diese Sheriffs scharf sind, im Bereich der Jugendhilfe und nicht der Bildung unterbringen.

Hier lassen unsere gewählten Politiker sämtliche Lehrer und Schüler im Gefängnis der Schulpflicht allein. Das sollten wir der Politik nicht durchgehen lassen[43].

---

[43] Vielleicht schreiben Sie ja an Ihre(n) Abgeordnete(n)?

8. SCHULPFLICHT BLOCKT SOZIALPÄDAGOGIK

8. fatale Folge: Weil Schulpflicht existiert, wird Sozialarbeit nur zögernd und ungenügend in die Schulen eingeführt. Um den Verhaltensauffälligen irgendwie zu helfen, fungiert der Sozialarbeiter dort misstrauisch beäugt als Dampfkesselventil. Die Schule mit ihrer Struktur und ihren Lehrern ist nicht in der Lage, das Arbeitsfeld der Sozialarbeit abzudecken. Schulsozialarbeit leistet einen wichtigen Beitrag im Bereich der Gewalt- und Kriminalitätsprävention. Dieses Feld muss bis zur Eigenständigkeit als **Schulsozialpädagogik** gestärkt werden. Solange aber die Schulpflicht existiert, besteht keine Notwendigkeit, dieses eigenständige neue Feld aufzubauen, denn Schulsozialarbeit und wohlmeinende Lehrer betreiben systematisch vernebelnde Flickschusterei. Schulsozialpädagogik hätte neue Wege zu gehen und z.B. auch den Einsatz von Kinderarbeit als Sozialtraining zu durchdenken.

8.1. Schulsozialarbeit flickt am Zeug rum

Unser heutiges Schulsystem kennt eine rigorose Trennung von Lehre und Erziehung. Es gibt gute Gründe anzunehmen, dass früher in den Schulen die Trennung zwischen Pädagogik und Sozialarbeit überhaupt nicht bzw. so nicht bestanden hat. Das war vielleicht nicht immer sehr kindgemäß, aber ein ehemaliger Unteroffizier des preußischen Heeres – der »Zwölfender« –, der als Volksschullehrer blitz-ausgebildet worden war, verstand sich doch wohl eher als Erzieher des preußischen Untertans denn als bloßer Wissensvermittler. Und mit diesem Erziehungsgesamtauftrag sowie dem methodischen Instrumentarium der »schwarzen Pädagogik« ausgerüstet, schickte ihn der König auch ins Rennen gegen Unwissen, Faulheit und politische Renitenz. So sind wohl die allermeisten Tatzen und Prügel nicht wegen mangelnden Wissens der Schüler, sondern wegen Blödsinns oder mangelnder Aufmerksamkeit im Unterricht verabreicht worden. Aufgrund des Untertanengeistes, der formalen Lehrerautorität und der allgemeinen Disziplin war es dem »Zwölfender« leicht möglich, diese Rolle zu erfüllen.

Erst als in den letzten Jahrzehnten massive gesellschaftliche Störungen in die Schulen hineingetragen wurden, hatte die Schulpädagogik bzw. die resignierende Lehrerschaft für massiv abweichendes Verhalten kein geeignetes Instrumentarium mehr zur Verfügung und die Sozialarbeit hielt Einzug in die Schulen. Die (spärliche) Zusammenarbeit von Schule und Sozialarbeit wird in § 81 des »Kinder- und Jugendhilfegesetz« (KJHG) geregelt.

Auch andere Faktoren befördern die Etablierung der Schulsozialarbeit (Stagnation im Bildungswesen, Schulkarrierebrüche durch Leistungs- und Notendruck, Stigmatisierung von Haupt- und Sonderschülern, Sozialarbeiter als preiswerte Flickschuster, Prozess des Umdenkens von präventiver statt curativer Therapie). Langsam macht sich also Schulsozialarbeit im neuen Gewand der Freiwilligkeit und personell anders verkörpert in den Schulen breit. In Baden-Württemberg fordert die Kultusministerin Annette Schavan im März 2000 ausdrücklich die Zusammenarbeit von Schülern, Lehrern und Eltern in den Schulen, um überhaupt wirksame Gewaltprävention betreiben zu können. Im KJHG wird in § 11 außerschulische Jugendbildung, Freizeitpädagogik und Jugendberatung genannt.

Schulsozialarbeit, ein Begriff, der in Deutschland noch

nicht sehr lange bekannt ist[44], hat in der Schule meist einen schweren Stand, weil Schulsozialarbeit für die Lehrer eine schwere narzisstische Kränkung und ganz konkrete Konkurrenz darstellt. Bedeutet ihr Einsatz doch, dass die Kids ihren Paukern gezeigt haben, was eine Harke ist. Und jetzt sollen die Verprellten und Hilflosen von anderen Hilfe holen und annehmen? Vielleicht dazu noch von Nichtakademikern, mit irgendwelcher Semi-Psycho-Bildung, jedenfalls ohne die notwendige Fachkompetenz des deutschen Studienrats oder das pädagogische Einfühlungsvermögen des Grundschullehrers?? Und die bange Frage lautet auch: »Nehmen die uns nicht unseren Job weg?«

Auch, wenn es kein Standesdünkel ist, werden und wurden Sozialarbeiter oder Sozialpädagogen zunächst meist misstrauisch, feindselig oder ablehnend empfangen. Viele Lehrer meinen, die Sozialarbeiter wollten ihnen am Zeug flicken. Welcher Lehrer kennt sich bei den Sozialpädagogen auch schon aus? Wer weiß schon, welchen Ausbildungsgang 1. ein Sozialpädagoge, 2. ein Diplom-Sozialpädagoge, 3. ein graduierter Sozialarbeiter oder 4. ein Diplom-Pädagoge[45] durchlaufen haben? Offene Arme gibt es für diese Nothelfer heute eher selten.

Wenn sich Lehrer und Schule auf Schulsozialarbeit einlassen, dann geschieht es meist aus einer extremen Notlage heraus (z.B. Drogenprobleme, hoher Ausländeranteil, Schulschwänzer) und nicht aus einem selbstverständlichen Präventionsgedanken heraus. Hat sich Schulsozialarbeit aber einmal in einer Schule etabliert und der Flair des Besonderen seine Wirkung entfaltet, dann wird sie von der Mehrheit des Kollegiums oft begeistert getragen und kritische Stimmen verstummen rasch.

Eine erhebliche Stärkung erfährt die Schulsozialarbeit

---

[44] 1971 durch Heinz Abels als Übersetzung des US-amerikanischen Begriffs »school social work«
[45] 1.: Berufsfachschule, 2. + 3.: Fachhochschule, 4.: Uni/PH

z.B. in Baden-Württemberg durch die Einführung eines neuen Berufs an Berufsschulen, den sog. »Jugendberufs-helfer«. Das sind Sozialarbeiter und -pädagogen, die mehr oder weniger rundum für berufschulpflichtige Schüler da sind, quasi als Mädchen für alles. Die Kosten werden zu je einem Drittel von Land, Arbeitsverwaltung und Schulträger aufgebracht. Vernetzt ist der Jugendbe-rufshelfer mit der auf Kreisebene arbeitenden »Jugend-agentur«[46], einem Verbund aller beteiligten Ämter, Bera-tungsstellen und Schulen, aber auch mit der Polizei. Da-durch können viele Probleme mit Jugendlichen schon im Ansatz angegangen werden.

Nachdem der Jugendberufshelfer die Arbeit aufgenom-men habe, sei jedenfalls die Gewalt und Aggressivität an seiner Schule auch unter den verschiedenen Nationalitä-ten zurückgegangen, erklärt Heinz Marsch, Leiter der Ge-werbeschule Schwäbisch-Hall, wo der neue Beruf »erfun-den« wurde. Er freut sich auch, dass seine Idee landesweit bis zum Schuljahr 2001/02 insgesamt in 60 solchen Pro-jekten an den Schulen verankert wird. Unterstützung fin-det der Gedanke des Ausbaus von Schulsozialarbeit im Land der Tüftler und Häuslebauer auch beim »Sachver-ständigenrat Berufliche Bildung«, einem Zusammen-schluss von Schule, Verwaltung, Wirtschaft, freien Trä-gern und Gewerkschaft.

Sozialarbeiter berichten über einen Konflikt mit Leh-rern, die gern versuchen, die auf **Freiwilligkeit** basierende Sozialarbeit in ihr schulisches System zu vereinnahmen, was Schulsozialarbeit jedoch wirkungslos machen würde. Beispielsweise schicken Lehrer während des Unterrichts renitente Schüler zur Sozialarbeiterin, die sie zur Räson bringen soll. Diesen Zugang müssen SozialarbeiterInnen

---

[46] Jede Jugendagentur wird pauschal mit 100.00.- DM gefördert; siehe: Entwurf der »Gemeinsamen Richtlinien« vom 7.12.1999, Sozialmini-sterium (SM-42-6920.1)

natürlich ablehnen, wenn sie nicht ihre Mediatoren-Rolle (d.h. die Vermittlung und Übersetzung im Konfliktfall) verlieren wollen, die – aus der Vogelperspektive betrachtet – auch alle am Konflikt beteiligten Schüler, Schulleitungen, Lehrer, Elternteile und sonstige eingeschaltete Stellen (wie Heim, Beratungsstelle, Polizei oder Jugendamt) erwarten dürfen.

So lassen sich bestimmte **Schlüsselkategorien** der Schulsozialarbeit feststellen, die von dem Erziehungswissenschaftler Eberhard Bolay von der Uni Tübingen wie folgt skizziert werden:

- **Vertrauen;** offene und informelle Kommunikationsstrukturen
- **Anerkennung;** soziale Anerkennung statt Notendruck; Orientierung an relevanten Inhalten und Handlungsaspekten
- **Raum;** und Zeit zur Selbstverwirklichung, Gemeindenähe, Offenheit, aktive Gestaltung der Umwelt
- **Spaß;** Freiwilligkeit statt Curriculum, keine polizeiliche Vorführung
- **Probleme;** zu bewältigende Krise statt zu beseitigender Störfaktor;
- **Mediation;** Übersetzung und Vermittlung zwischen Konfliktparteien statt Anwendung von schulischen oder polizeilichen Ordnungsmaßnahmen
- **Regeln;** Einsicht in durch die Gruppe kontrollierte Regel satt fremdbestimmte Erwachsenenregel; Einhalten der Regeln durch intensiven sozialen Kontakt, Vorbild und soziale Verträge

Heute ist Schulsozialarbeit Konfliktfeuerwehr und Appendix der Schule, aber keine gleichberechtigt neben der Schule existierende soziale Institution. Für diesen immer wichtiger werdenden Bereich haben wir nicht einmal ein eigenes passendes Wort (Sozialarbeit ist eigentlich nur ein Teilbereich) oder eine gemeinsame bzw. aufeinander bezogene Ausbildung der darin Tätigen.

Die Sozialpädagogik kennt den Begriff des »Dritten Raums«, mit dem sie kenntlich machen möchte, dass es neben der Familie und der Schule noch einen Bereich gibt, in dem sich Menschen verhalten und in den hinein Gesellschaft in irgendeiner Art interveniert, was z.B. in der Heimerziehung von Kindern und Jugendlichen überdeutlich der Fall ist[47]. In dem Maße, wie Familie an Sozialisationskraft verliert, wird der Dritte Raum (und nicht die Schule!) gefordert. Eine Gesellschaft, die aus welchen Gründen auch immer, ihre Familien nicht ausreichend und umfassend befähigt zu erziehen, kann diese Aufgabe nicht der Schule zuschieben, sondern nur dem dritten Raum der Sozialpädagogik. Und weil das Geld kostet, wird die dafür letztlich ungeeignete Institution Schule überfrachtet und überfordert.

Bislang schlagen sich die Einzelbereiche Schulsozialarbeit, Schulpsychologie, Hort, Freizeitgestaltung (samt Hausaufgabenbetreuung) sowie außerschulische Beratung und Lerntherapie tapfer und oft gegen den Widerstand von Lehrern alleine durch. Ich meine hingegen, dass diese Bereiche einen gemeinsamen Interventionsauftrag haben. Ich nenne ihn hier in Ermangelung eines treffenderen Begriffs »**Schulsozialpädagogik**« (SSP), verstehe darunter jedoch im Gegensatz zur »Schulsozialarbeit« die Gesamtheit aller Angebote und Bemühungen um Kinder und Jugendliche im Schulalter, die nicht in den originären Aufgabenbereich der Schule fallen. Sehr gut, vielleicht am besten umgesetzt werden kann so eine eigenständige Schulsozialpädagogik in Ganztagsschulen (insbesondere im Einzugsbereich der sog. sozialen Brennpunkte).

Im Einzelnen handelt es sich dabei um die folgenden fünf Aufgaben und Arbeitsfelder, die alle auch im neuen

---

[47] In meinen Überlegungen bleiben Heime jedoch ausgespart, weil sich dieser Bereich auf eine familienersetzende Erziehung bezieht und ich die familienergänzende Bildung im Blickfeld habe.

»Kinder- und Jugendhilfegesetz« (KJHG) von 1990 genannt sind:

- **Einzelberatung:** Beratungsgespräche, systemische Ansätze, Einbezug der Familien, Täter-Opfer-Ausgleich
- **Schulpsychologie:** psychotherapeutische Hilfestellung durch ausgebildete Psychotherapeuten,
- **Gruppenarbeiten:** Sozialtrainingsgruppen, Rollenspiele, Hausaufgabenbetreuung, Hospitation und Mitarbeit im Schulunterricht, Projekte wie z.B. Gewalt oder Rechtsextremismus in der Schule; Sexismus; Unterstützung der SMV
- **Freizeitgestaltung:** die Gestaltung der freien Zeit außerhalb des Schulunterrichts z.B. in Pausen, in Gesamtschulen; Mädchengruppe, Fahrradgruppe, Stadtteilarbeit, Schulverschönerungsgruppe, Gartenarbeit
- **Berufsvorbereitung:** alle heute noch schulischen Maßnahmen, die nicht der direkten Berufsqualifikation in einem Lehrberuf, sondern eine berufsvorbereitende oder Sozialtrainingsmaßnahme darstellen; Betreuung der Betriebspraktika

Methodische Umsetzung finden diese Arbeitsfelder in zahlreichen Maßnahmen wie gut ausgestatteten Aufenthaltsräumen, in der selbstverwalteten Cafeteria, dem Beratungsraum, in Gruppengesprächen, Projekten und Festen, in Exkursionen oder Einzel- und Gruppentherapiestunden. Schulsozialarbeit arbeitet mit allen beteiligten Gruppen kooperativ zusammen und betreibt Öffentlichkeitsarbeit innerhalb der Schule und nach außen.

Auch Lehrer könnten auf pfiffige Weise Zeit gewinnen, um in diesem Bereich mitarbeiten zu können. Dazu wird einfach die Zeit jeder Unterrichtsstunde von 45 Minuten auf 40 reduziert. Das bedeutet für jeden Lehrer pro Woche Verfügungszeit von rund 2 Zeitstunden, die für die Kinder direkt und nicht für Verwaltungsaufgaben oder Freizeit eingesetzt werden müssen. Schulsozialarbeit wird sich also in vielen Schulen nicht aufheben lassen, sondern weiterhin große Bedeutung haben. Trotzdem muss aber auf eine außerhalb der Schule angesiedelte Schulsozialpädagogik gedrängt werden, die sich der »falschen Schüler« annimmt.

Innerhalb des Schulsystems würde ein Aufgeben der Schulpflicht und die Errichtung eines eigenständigen Bereichs der Schulsozialpädagogik zu folgenden Konsequenzen und Maßnahmen führen, damit Kinder nicht einfach bloß aus der Schule gedrängt und sich selbst und einer abschüssigen Karriere überlassen würden:

- schulunwillige Kinder und Jugendliche bekommen nach Versagen aller schulpädagogischen Maßnahmen sozialpädagogische Betreuungsangebote außerhalb des Schulgebäudes (**Sozialtraining**).
- Diese Angebote können auch im Rahmen des Schulgebäudes in speziellen **Kursen** stattfinden.
- **Freie Träger** wie die christlichen Kirchen oder Vereine der Jugendpflege übernehmen sozialpädagogische Kurse für schulunwillige Kinder (**Sozialtraining**).
- Den Kindern und Jugendlichen steht **psychotherapeutische Hilfe** zur Verfügung.
- **BetreuerInnen** in allen Fördermaßnahmen der Schulsozialpädagogik sind speziell geschulte Lehrer, Sozialpädagogen, Supervisoren und Therapeuten.
- In einem gestaffelten System kann das Erreichen eines **Schulabschlusses** am Ende einer solchen Maßnahme stehen.
- Flankierend dazu sollte der Erwerb des **Hauptschulabschlusses** dadurch gesellschaftlich aufgewertet werden, dass er sich beim Bezug von Arbeitslosengeld und Sozialhilfe finanziell deutlich niederschlägt. Das würde gesetzliche Vorlagen voraussetzen.

Sozialtraining ist heute bereits gut im Gesetz verankert und zwar sowohl im KJHG als auch im Jugendgerichtsgesetz (JGG). Die Erfahrungen dieser Gruppen wird man beim Aufbau von schulischem Sozialtraining nutzen müssen bzw. diskutieren, ob und in wie weit nicht bereits laufende Maßnahmen parallel oder vernetzt laufen können. Allerdings basiert ein Sozialtraining immer auf Freiwilligkeit, wogegen Maßnahmen der Jugendgerichtshilfe angeordnet sein können.

Schulsozialarbeit wird sich in naher Zukunft immer stärker in der Schule etablieren[48], einfach damit das Schulsystem nicht vorzeitig auseinander fliegt. Insofern stabilisiert Schulsozialarbeit das schwankende Schulsystem. Trotzdem können wir im Interesse der Kinder nicht auf den Zusammenbruch des Schulsystems warten, sondern wir sollten versuchen, schon jetzt auf allen Ebenen Ideen und Projekte zu unterstützen, die auf ein selbstständiges System der Sozialpädagogik hinarbeiten.

8.2. Unerhört: Kinderarbeit als Sozialtraining!

Kinderarbeit bzw. das was wir darunter verstehen, gehört ohne Zweifel gnadenlos auf den Müllhaufen der Geschichte. Verelendete Kinder überall auf der Welt, z.B. beim Teppichknüpfen in Bangladesch, im Bergwerk in Kolumbien oder im Rotlichtviertel von Mombasa machen »Kinderarbeit« zu einem unerhörten Reizwort. Nach einer Schätzung der UNESCO arbeiten derzeit weltweit etwa 5 Millionen Kinder unter 15 Jahren in ausbeuterischen Verhältnissen.

Ich möchte den Begriff trotzdem nutzen und die Frage stellen, ob hier in Deutschland unter bestimmten Bedingungen Kinderarbeit nicht eine Möglichkeit der Erzie-

---

[48] Baden-Württemberg plant z.B. Hauptschulen als Ganztagsschulen zu führen

hung sein kann. Für Schüler über 14 Jahren hat Holland bereits Erfahrungen mit dem Aufheben der Schulpflicht und arbeitstherapeutischen Maßnahmen gesammelt. In Irland, wo 1992/93 in der Grundschule immerhin 9% der Schüler dauerschwänzten, können Kinder in spezielle Jugendbegegnungsprojekte eingewiesen werden. Auch in Deutschland sind erste Anzeichen von »Kinderarbeit« zu entdecken. So bietet die Kaufhof AG mit ihrem Projekt »Einsicht« beim Klauen erwischten jugendlichen Ersttätern auf freiwilliger Basis an, einen Tag im Betrieb mitzuarbeiten und den »Laden« von innen kennen zu lernen.

Eine der möglichen sozialpädagogischen Maßnahmen für schulunwillige Kinder und Jugendliche wäre ein geschützter Trainingsplatz (kein Ausbildungsplatz!). Denkbar wäre z.B. der Einsatz an einer Tankstelle, in einem Laden, einer Altenheim-Pforte, bei einem Bauern oder Handwerker. Auch gemeinnützige Vereine wie der Tierschutzverein oder der BUND könnten Sozialtrainingsplätze anbieten. In diesen Einrichtungen kämen speziell ausgebildete Mitarbeiter als Sozialtrainer zum Einsatz. Die eigene Familie kann einen solchen Trainingsplatz natürlich nicht stellen, weil diese Familie bisher – aus welchen Gründen auch immer – nicht ausreichend in der Lage war, dem Kind einen nötigen Bildungshintergrund zu liefern, und ganz allgemein die Gefahr der Ausbeutung zu groß wäre.

Der geschützte Trainingsplatz würde in manchen Fällen eher den Aufbau von Selbstbewusstsein und Verantwortungsbewusstsein fördern, als die gehasste Schule. Die Kinder auf den o.g. Trainingsplätzen würden von Sozialarbeitern aus dem Bereich der Schulsozialpädagogik ebenso betreut, wie die Sozialtrainer (z.B. ein Bäckermeister) in den Institutionen inhaltlich bzw. supervisorisch durch dieselben Personen.

Ein Trainingsplatz würde für den Arbeitgeber keine weiteren Kosten nach sich ziehen, da die Versicherung und alle anfallenden Kosten durch das Sozialamt getragen würden. Ein Trainingsplatz sollte steuermindernd abgesetzt werden können, evtl. auch durch einen finanziellen Reiz geschaffen werden. Der Sozialtrainee könnte durch ein minimales Taschengeld (z.B. 25.- DM im Monat) anerkannt werden. Auf keinen Fall dürfte das Taschengeld so hoch sein, dass sich andere Schüler aus diesem Grund in das Sozialtraining bemühen oder gar ihr Verhalten so negativ ändern, dass sie sich eine Chance ausrechnen, aufgenommen zu werden.

Unsere Gesellschaft wird sich darauf einrichten müssen (und hat sich sowieso bereits damit abgefunden), dass mit dem Scheitern der o.g. Fördermaßnahmen sowie aller anderen Erziehungshilfen ein Bodensatz von extrem gefährdeten Kindern, die teilweise von ihren Eltern geschützt oder sogar z.B. zum Stehlen missbraucht werden, bestehen bleibt. In solchen Fällen kommt das Strafrecht zur Anwendung. Denn eine demokratische Gesellschaft hat kein wirksames Mittel zur Verfügung, eines ihrer Mitglieder zum Glück zu zwingen. Dies ist kein Widerspruch, sondern letztlich der Preis für bürgerliche Freiheit.

9. SCHULPFLICHT FÜHRT ZU BURNOUT UND BETRUG

9. fatale Folge: Lehrer ist ein Stressjob, auch wenn Volkes Meinung anderes zu künden weiß. Nicht nur Schüler drückt eine Pflicht (die Schulpflicht), sondern Lehrer auch: die Lehrpflicht. Trotzdem gehen mehr Lehrer gern zur Schule als umgekehrt. Oft ist die Lehrpflicht dennoch ein Job in einem Verwahrlokal. Hier werden nicht nur Flöhe gehütet, sondern Giftschlangen mühsam kontrolliert. Auch Lehrer können der Aggression nur schwer entfliehen. Sie retten sich oft einfach über die Runden und mogeln, schummeln und betrügen. Oder sie brennen aus und müssen in die Frühpensionierung. Weil helfen tut keiner. Da ist erst mal die Schulpflicht vor!

9.1. Kehrseite Lehrpflicht

Interessanterweise vereint Schüler und Lehrer eine strukturelle Gemeinsamkeit: die Pflicht! Die Schulpflicht auf Schülerseite korrespondiert mit der Lehrpflicht auf Lehrerseite, meist noch abgesichert durch den **Beamtenstatus**. Der eigentlich intimen Situation des Unterrichts können Lehrer und Schüler nicht entfliehen. Das ist wesentlich anders als bei anderen Berufen.

Von Notsituationen abgesehen muss z.B. kein Arzt einen Patienten behandeln und die Patienten haben freie Arztwahl. Kein Kunde muss einen Verkäufer akzeptieren, und ein Verkäufer kann den Handel mit einem Kunden ablehnen, zwar zu seinem ökonomischen Schaden, aber immerhin. Auch eine Krankenschwester im Krankenhaus kann es ablehnen, eine bestimmte Person zu pflegen; dies wird eine Kollegin übernehmen. Selbst Taxifahrer, die grundsätzliche Transportpflicht haben, müssen zum Beispiel keinen total Betrunkenen befördern. Betrachten wir uns nun die Berufe, in der beide Seiten in eine Interaktion mit ihren Klienten gezwungen werden, dann begegnen wir den Gefängnisschließern, Psychiatriepflegern oder Polizisten in der Verfolgung einer Straftat. Beide Seiten können nicht entweichen und müssen die Interaktion recht und schlecht und möglichst professionell gestalten. Wahrlich: keine gute Voraussetzung für eine pädagogische Beziehung!

Schulpflicht macht Schüler und Lernen berechenbar. So kann es sich der Staat leisten und das tut er aus ideologischen Gründen gern, dass er sich Schulmeister im Beamtenstatus hält. Die streiken nicht und ... ja, was noch? Was wäre anders, wenn alle Lehrer Angestellte wären? – Im Schulablauf würde sich vermutlich wenig ändern. Das zeigen auch die Erfahrungen mit den angestellten Lehrern in den neuen Bundesländern. Aber für das Einstellen und Kündigen von Lehrern und ihren Wechsel auf andere Schulen würde sich einiges ändern. Demokratie, Selbständigkeit und Leistungsprinzip würden gestärkt werden.

In meiner Tätigkeit als Lehrer konnte ich immer wieder erleben, wie Lehrer und Schüler von der Schulpflicht aufeinandergehetzt wurden. Und dieses System erlaubt die Lösung bestimmter schwerer Konflikte manchmal nur mit ungeheurem Druck. Besonders bei schulunwilligen Schülern oder Schulschwänzern macht ein Paragraphenwerk im Geiste des vergangenen Jahrhunderts Druck auf den Schüler und dessen Eltern. Die Schulpflicht »schützt« das hohe Gut der Bildung so rabiat, dass der Wert der Bildung für manche Schüler gar nicht mehr erkennbar ist, sondern nur noch Zwang und Druck erlebt werden.

Machmal richtet sich der Druck aber auch direkt gegen den Schüler selbst und er reagiert autoaggressiv mit psychosomatischen Reaktionen, übrigens an Gesamtschulen am häufigsten. In anderen Fällen gestattet das System elegante Lösungen des Wegtauchens und stillschweigenden Kooperierens. Ich habe es oft erlebt, dass dieser Zusammenhang von Lehrern nicht hergestellt wurde und pädagogisches Scheitern ausschließlich und vorschnell der eigenen Unfähigkeit angelastet wurde, anstatt daran zu denken, ob nicht vielleicht die Schulpflicht als eine strukturelle Schwäche des Systems verantwortlich zu machen wäre.

Natürlich müssen wir dafür sorgen, dass Kinder eine Chance auf Bildung haben und nicht in Bulettenbuden versauern. Dazu sollten wir den Eltern aber freistellen, in welcher Form (Privatschule, selbst organisiert zu Hause) sie ihre Kinder bilden. Und Kinder, die unser Schulsystem sprengen, wären im (dritten) sozialpädagogischen Raum am besten aufgehoben. Und nur diejenigen, die ihre Kinder bilden, sollen **Kindergeld** erhalten.

Manchmal gehen Kinder auch nicht gern zur Schule, weil ihre überalterten Lehrer sie nicht verstehen. Trotzdem: Jedes Ding hat zwei Seiten. Auch die derzeitige Überalterung des Lehrkörpers (ein schönes Wort!) hat gute Aspekte. In ca. fünfzehn Jahren werden neue Lehrerstellen wie nie benötigt. Da geht der Hauptpulk der Lehrer nach Mallorca in Pension. Das wäre doch die Gelegenheit, endlich den weltfremden Beamtenstatus für Lehrer abschaffen zu können. Wenn nicht jetzt, wann dann?

Die Lehrer-Beamten könnten z.B. nach dem Vorbild von Post und Bahn durch die neuen Träger per Vereinbarung als Dauerangestellte übernommen und bei der BfA (Bundesversicherungsanstalt für Angestellte) in Berlin nachversichert werden. Oder: Die Schweiz hat im Dezember 1999 beschlossen, alle rund 100.000 Bundesbeamten

abzuschaffen und macht aus ihnen in zwei Jahren Angestellte. Machen wir's doch ähnlich: Alle neuen Lehrer
werden angestellt und gleichfalls bei der BfA versichert.

Die ostdeutschen Länder reiten hier ja keck vorweg: sie
stellen alle Lehrer als Angestellte ein! Und diese neuen
Lehrer erfüllen ihre einst staatlichen Hoheitsaufgaben,
ohne ihren Beamteneid geleistet zu haben! Das tut weh,
da brechen vertraute Muster einfach weg! Da kann ja jeder kommen und einfach Lehrer sein wollen! Wir haben
ja in den letzten Jahren auch mit einem gewissen Miss-
trauen feststellen müssen, dass ein Brief durchaus von
Menschen ohne Uniform in Jeans und Schlabberpulli zu-
gestellt werden kann. Und auch, dass sich der Service in
den Postfilialen ständig verbessert und sich der Ton mittlerweile einem wenn auch kühlen Umgangston nähert.
Auch in der Bahn verbreiten freundliche, manchmal
nachgerade flippige Menschen in Stewardessen-Kostüm
weniger Polizei- und Schrecksekunden-Atmosphäre. Jedoch, Lehrer? Können auch Nicht-Beamte diesen Job ver-
antwortungsvoll ausüben, ohne von Beamtenprivilegien
sanft gestützt zu sein? Man sieht doch bei Post und Bahn
und Telekom, dass das alles ziemlich lange dauert.

Da gibt es tatsächlich noch viel zu tun, bis zu dem Tag
an dem z.B. ein Lehrer einem zum Gespräch ins separate
Elternsprechzimmer gebetenen Vater ein Tässchen Kaffee
offeriert.

Man stelle sich vor, ein Lehrer könnte einen Schüler
oder gar eine ganze Klasse ablehnen. Und was wäre,
wenn Schüler ihre Lehrer wählen könnten? Dann bräche
das Chaos und die Lehrerwillkür aus, wird man rasch sagen und das Thema zur Seite legen. Ich fand dieses Thema
immerhin so interessant, dass ich 1980 in einem Konfliktfall mit der Rückendeckung der Schulleitung meine Lehrpflicht in Frage stellte, Unterricht verweigerte und erlebte,
wie sich Erzieherschüler selbst organisierten.

Ohne Lehrpflicht wäre ein flexiblerer Umgang mit der

Einschulung von Schülern in bestimmte Klassen möglich. Ein Lehrer könnte es im sehr ernsten Konfliktfall ablehnen, ein bestimmtes Kind zu beschulen. Andererseits hätten Eltern auch die Möglichkeit, mehr Einfluss auf die Klassenlehrerbesetzung zu nehmen oder darauf, in welche Klasse ihr Kind geht. Da müssten Schulleitungen allerdings erheblich umlernen, gilt doch die Beteiligung von Elternvertretern an Personalentscheidungen als ein weißer Elefant im Schulleben.

9.2. Lehrer: leer, gestresst und ausgebrannt

Gudrun S. schluckt schwer. Die knapp 60-jährige Lehrerin hat Tränen in der Stimme, als sie am »Pädagogischen Tag« einer Berufsschule vor ihren knapp 100 KollegInnen spricht. Auf dieser Fortbildungsveranstaltung für alle Lehrer der Schule hatte ihre Arbeitsgruppe das Thema »Schulunwillige« behandelt. Und nun fragt Gudrun S., die seit Jahren im wenig geliebten Berufsvorbereitungsjahr (BVJ) mit großer Hingabe unterrichtet, im Plenum: »Wer sagt denn diesen Schülern, dass auch ich eine Würde habe?« Das Kollegium schweigt betreten, verwundert, dezent verächtlich.

Ja, wer sagt den Schülern das eigentlich? Dieselbe Frage umgekehrt füllt zu Recht viele Bände. Noch viel zu oft verletzen überforderte, fehlqualifizierte, neurotische oder ausgebrannte Lehrer die Würde ihrer Anbefohlenen. Doch dies darf nicht das Problem verdecken, dass zunehmend die Rollen verkehrt erscheinen: Lehrer werden zu Freiwild von soziopathischen Schülern.

Auch wenn wir noch keine mit scharfer Munition bewaffneten Sheriffs vor der Klassenzimmertür lauern haben, gibt es doch Situationen, in denen sich mancher Lehrer heimlich solch tatkräftige Hilfe wünscht. Auch wenn der einzelne schwierige Schüler eher in die erfahrenen Hände von Sozialpädagogen oder Therapeuten gehört, kann er doch – selbst ein Opfer – zum Täter im Klassenzimmer werden.

Wenn das Elternhaus erzieherisch und emotional versagt, wenn Schule mit schwer gestörten Schülern aufgrund ihrer Struktur und ihres Auftrags nur bedingt umgehen kann, dann muss sich die Gesellschaft nach einem anderen System umschauen, dass den Bedürfnissen dieser Schüler gleichfalls gerecht werden kann. Hier steht uns bereits im Ansatz das System der Schulsozialarbeit zur Verfügung, das wesentlich ausgebaut und bis zur Eigenständigkeit gestärkt werden muss. So lange leiden Lehrer weiter.

Renate Meyer, 48, aus einem Schulzentrum in Bremen hat sich öffentlich geoutet. Im STERN 47/99 (»Pulverfass Schule«) gesteht sie ein: »Ich unterrichte Mathe in meiner Klasse und gehe fast jede Stunde baden. Ich habe in diesem Schuljahr noch keine Klassenarbeit schreiben können, weil ich die Kinder stofflich nicht zusammenbringe. Es gibt hier ja offiziell keine Sonderschulen mehr. Aber ich bekomme immer mehr Sonderschulkinder in meine Klasse. Die sind alle auf ihre Art latent gefährlich. Ich habe Kinder, die können nicht mal das Einmaleins. 13 Problemkinder sind in meiner Klasse. Ich habe Ohrensausen, eigentlich bin ich krank. Meine zwanzig Jahre Schulerfahrung nutzen mir überhaupt nichts.«

Und ihr schwäbischer Kollege Stefan Wagner, 58, aus der Hauptschule Trochtelfingen haut in dieselbe Kerbe: »Wenn ich noch einmal die Wahl hätte, würde ich nicht wieder Lehrer werden. Am Anfang war ich noch unheimlich motiviert. Mittlerweile machen meine Nerven nicht mehr mit. Ich kann den hohen Lärmpegel im Klassenzimmer nicht mehr ertragen und fahre zu schnell aus der Haut.«

Kollege Gotthard Piersig, seines Zeichens Schulmeister an einer Hauptschule im feinen Berlin-Zehlendorf, musste im letzten Jahr für sechs Monate sogar psychiatrische Hilfe in einer Klinik in Anspruch nehmen. Hilfe hat das nicht gebracht, er würde den Job lieber heute als morgen hinschmeißen. Von 17 KollegInnen an seiner Schule sind bereits vier langzeitig erkrankt. Aber Piersig – er ist schließlich Vertrauensmann der Lehrergewerkschaft GEW – weiß eine Entschuldigung für die Schüler, die ihn in den Zusammenbruch trieben:

»Gestern zum Beispiel, da saß einer mit dem Rücken zur Tafel auf dem Tisch eines andern und quatschte. Da wollte ich mit dem Unterricht anfangen und bat ihn, sich doch auf den eigenen Platz zu begeben. Da dreht der sich um und schreit: ›Halt's Maul, du siehst doch dass ich rede!‹ Was sollte ich machen? Sag ich: ›Ich geb' dir einen Tadel!‹, sagt der: ›Gib mir zwei! Meine Mutter tapeziert damit die Wände.‹ – Unsere Schüler wissen, dass sie keine Chance haben, dass sie nie die Eintrittskarte in das Leben kriegen, dass sie sich wünschen. Und dann steh' ich da und versuche, denen das Dehnungs-h beizubringen. Das geht denen doch knapp am Hintern vorbei!«

Aus jeder dieser Klagezeile blickt uns das Burn-out-Syndrom an, das im Feuer jahrelanger Stressoren langsame Leergebranntsein, nachdem doch mit so hohen Idealen und dem notwendigen pädagogischen Eros begonnen wurde. Die langen Jahre im Beruf! Wenige Impulse kommen durch junge KollegInnen von außen, die Lehrerkollegien sind vergreist und vergreisen immer weiter. Bankdirektoren werden mit 56 in die gut ausgestattete Wüste geschickt, Studiendirektoren laufen bis 65 auf dem Zahnfleisch. Die Flucht vor dem Frust liegt nahe. Die Flucht in die Psychosomatik oder die Neurose.

Der Arzt und Psychologe Dr. Dr. Peter Vogt, Chefarzt in einer Bad Tölzer Rehaklinik, berichtet im STERN 48/99 über seine elfjährige psychotherapeutische Erfahrung mit 450 stressgeplagten und ausgebrannten Lehrern. Danach sind besonders Lehrerinnen an Haupt- oder Gesamtschulen mit hohem Ausländeranteil vom Burn-out bedroht. Entsprechende Symptome zeigen etwa ein Drittel aller deutschen Lehrer.

Vogt: »Typisch ist eine Burn-out-Problematik unterschiedlicher Ausprägung. Der Akku des Patienten ist dabei, sich zu entleeren, die Leistungsfähigkeit lässt nach. Man entspricht nicht mehr den eigenen oder auch den fremden Ansprüchen, ist demotiviert und hat zum Teil eine Aversion gegen Schüler, Eltern oder Kollegen. Symptome sind Schulter-Nacken-Verspannungen, Kopfschmerzen und Schlafstörungen. Viele klagen auch über Konzentrationsprobleme. Und in letzter Zeit treffe ich auf immer mehr Patienten, die Ohrgeräusche haben, weil sie in den Klassen fast ständig einem hohen Lärmpegel ausgesetzt sind. Immer wieder erzählen mir Lehrer, dass sie sich hinlegen müssen, wenn sie nach Hause kommen, weil sie fix und fertig sind. Einige sind niedergeschlagen und weinen sich erst einmal aus. Ihre Psyche ist angegriffen. Das höre ich in dieser Massivität von keiner anderen Berufsgruppe.«

In vielen Fällen lässt sich eine dramatische Zunahme »der Angst des Lehrers vor dem Schüler« beobachten. Über diese Angst können die Lehrer in der Regel in den Kollegien nicht reden, und zu Hause werden sie oft nicht ernst genommen. Hier wären nicht nur geeignete supervisorische oder psychotherapeutische Maßnahmen gefordert und sinnvoll, sondern vor allem eine strukturelle Veränderung der Schule: also weniger ein Herumdoktern an Symptomen als vielmehr eine kausale Therapie.

Wenig hilfreich ist jedoch, wenn ein Kultusministerium lapidar feststellt, der Lehrerjob sei nun mal ein »Verschleißjob«! Auch, wenn sich um die Angst ein Kartell des Verschweigens bildet. So erhielt eine Berufsschullehrerin in Mannheim, die einen türkischen Schüler gern der

Schule verwiesen hätte, von ihrer Schulleiterin den wohl-
meinenden Rat nichts zu unternehmen, weil ihr sonst von
der Türken-Gang die Autoreifen zerstochen würden.

Die Stressforschung beschreibt den Lehrerjob ähnlich
anstrengend wie die Tätigkeit von Piloten oder Fluglot-
sen. Ihre Pulsfrequenz im Unterricht kann über längere
Zeit leicht mehr als 100 Schläge pro Minute betragen.
Die Kinder sind schwieriger, gewaltbereiter und zahlrei-
cher pro Klasse geworden, die Zahl der Unterrichtsstunden hat sich erhöht, Verwaltungsaufgaben oder die Modernisierung der Lehrtechnik (Computer etc.) stellen neue
Anforderungen.

Der Lehrer steht im Unterricht seinen medienerfahre-
nen Kindern gegenüber in Konkurrenz zum Medienereig-
nis Fernsehen. Fast nie kann er mit seinen in Heimarbeit
zusammengeschusterten Materialien mit dem Giganten
TV konkurrieren. Kaum hat er entdeckt, die farbige
Overhead-Folie mit dem Farbfilzer zu gestalten, lockt
schon im Computer das neue PowerPoint-Programm, mit
dem er Folien – schön wie nie – herstellen kann und die
durch eingebundene Clip-Art-Bildchen glänzen.

Doch reicht das für die medienverwöhnten Kids? Wie
steht es mit der im Kinderalltag längst gewohnten Dreidi-
mensionalität der Darstellung? Wie steht es für die Dau-
ergucker bei Viva und MTV mit einem winzig kleinen Vi-
deoclip? Womit soll der Lehrer das alles bloß herstellen?
Natürlich mit seinem eigenen Computer, denn nur wenige
Schulen haben heute dazu die Ausrüstung. Und wann soll
er das aufwendig herstellen? In seinen Ferien! In diesem
Kampf um die Super-Unterrichtsmedien werden Lehrer
immer hinterher hinken.

Sie haben den Kampf schon verloren, noch bevor sie
ihn aufgenommen haben. Denn niemals wird ihnen so
viel Geld und Zeit zur Verfügung stehen, wie z.B. einem
Versicherungsvertreter für seine Produktpräsentation, die
der obendrein noch aus seinem Schulungszentrum fertig

geliefert erhält. Lehrer müssen heute für gewöhnlich ihre Laser-Overhead-Folien bei herzensguten Sekretärinnen stückweise erbetteln. An sich liegt es nahe, aufwendige Präsentationen zentral zu gestalten (wovon bereits ganze Verlage leben), zumindest da, wo es möglich ist. Aber da bremst oft die mangelnde Teamfähigkeit der Lehrer und auch ihr Wille zur individuellen Unterrichtsgestaltung in sehr verschiedenen Klassen.

Einige, die diese Schwierigkeiten clever erkannt haben, benutzen deshalb schon geschlagene 20 Jahre einfach dieselbe Matrize für ein Arbeitsblatt. Eine Mutter erzählte mir, dass sie bei ihrem Kind, das denselben Grundschullehrer wie sie hatte, ein Arbeitsblatt von der Matrize aus der eigenen Schulzeit vorfand. Ich bin mir nicht sicher, ob solche Kollegen ihren methodischen Schrott durch die optimale »hermeneutische Kompetenz« ihrer Gesprächsführung wettmachen.

Für Lehrer ist es allgemein schwierig, Unterrichtserfolg zu messen und angemessene Belohnung (Lob) zu erhalten. Kinder klatschen schließlich nach einer Schulstunde keinen Beifall und wollen auch kein Autogramm. Wie schön, dass im Juni 2000 die Zeitschrift »Familie & Co,« den »Lehrer des Jahres« suchte. Oft wird als besonders belastend erlebt, wenn sich Eltern rückhaltlos hinter ihre Kinder stellen oder gar mit anderen Eltern eine Front bilden. Davor hat allerdings auch jeder Schulrat Respekt, etwa wenn Eltern die regionale Presse einschalten o.ä. öffentlichkeitswirksame Aktionen veranstalten.

Nur die Hälfte der Lehrer erreicht ihr 60. Lebensjahr stehend in den Seilen. Die anderen sind vorher mehr oder weniger aufrecht K.o. gegangen. Baden-Württembergs Lehrer gehen durchschnittlich mit 56 (!), Lehrer in Nordrhein-Westfalen mit 58 Jahren in den vorzeitigen Ruhestand. Pensioniert wegen Berufsunfähigkeit. In Hamburg werden über 90% aller Lehrer frühpensioniert (also vor Erreichung des 65. Lebensjahres), bei der Polizei und bei den Hochschullehrern liest sich die entsprechende Vergleichszahl viel weniger dramatisch: knapp 30% bzw. knapp 40%! Die Millionen der Versorgungslasten für die Frühpensionäre drücken die Staatshaushalte der Länder erheblich. So gibt allein Hamburg mit knapp 190 Millionen DM pro Jahr etwa 16% seiner gesamten Versorgungslast für frühpensionierte Lehrer aus.

Trotzdem machen die meisten Lehrer ihren Job gern. So der Realschullehrer Werner Praus-Zacharias, der sich im STERN 50/99 kurz und bündig als bekennender Optimist outet: »Der Reiz an meinem Job ist es, Schülerinnen und Schülern auf dem Weg ins Heutzutage zu folgen und dabei Tipps zu geben. Ich gehe gern in die Schule.« Da steht er keineswegs allein!

59% der Lehrer an weiterführenden Schulen gaben in einer bundesweiten Befragung des Bundesbildungsministerium von 1997 der Schule, an der sie unterrichteten, die Noten »gut« oder »sehr gut«. An Grundschulen waren es sogar 74%! Und von Schulmüdigkeit kann für beide Lehrergruppen keine Rede sein: 79% bzw. 85% (!) würden diesen Beruf wieder ergreifen, aber etwa jeder fünfte Lehrer würde den Bettel am liebsten hinschmeißen. Allerdings würden diese Zahlen bestimmt dramatisch anders aussehen, wenn die Lehrer mit Unterricht in speziellen Problemklassen (z.B. Hauptschule, BVJ) gesondert ausgeworfen würden. Auch der Trend zum Lehrerstudium ist – trotz recht schlechter Berufsaussichten – ungebrochen. 15% aller Erstsemester (oder 40 000 – 44 000) wollen Lehrer werden.

Es gibt also die zufriedenen Lehrer und die ausgesaugten und daneben noch eine dritte Gruppe, die sich, weil ihr nichts anderes übrig bleibt, so durchlaviert. Von ihr handelt das nächste Unterkapitel.

9.3. Mogeln, schummeln und betrügen

Schulpflicht macht Schulen zu grandiosen Schummelplätzen. Ingo Richter spricht sogar von einer »Kultur des Betrugs«. Schüler denken, wenn es um die Noten von Klassenarbeiten oder Referaten geht: Besser eine geschummelte »zwei« als eine ehrliche «vier». Die Großen in unserer Ellenbogengesellschaft machen es ihnen im Übrigen vor. Es scheint so, als seien nur noch die Dummen ehrlich. Aber nicht nur Schüler schummeln.

In den Berufs-, Haupt- und Gesamtschulen, die besonders unter der rigorosen Durchsetzung der Schulpflicht leiden, hat sich längst ein System des »Underlifes«, des passiven Widerstands gegen den Anachronismus der Schulpflicht und der Lehrpläne entwickelt. In Klassen, in denen Lehrer manchmal mehrere Schüler zu »beschulen« haben, die aufgrund schwerster Verhaltensstörungen eigentlich gar nicht mehr schulfähig sind, operieren diese Lehrer unter dem Diktat der Lehrpflicht verdeckt: Sie haben längst den offiziellen Lehrplan modifiziert und/oder fast gänzlich abgeschafft. Manchmal erteilt auch ein Schulleiter einen zeitlich begrenzten Schulverweis, um den »Delinquenten« zur Räson zu bringen. Ein Ausschluss auf Dauer kommt kaum vor und kann u.U. von jedem Gericht auch rückgängig gemacht werden.

Die Realität an Haupt-, Gesamt- und Berufsschulen schlachtet die heilige Kuh der Schulpflicht jeden Tag aufs Neue – und das mit stiller Duldung der Vorgesetzten. »Die Schulen sind in einem so jämmerlichen Zustand, dass das Elend völlig unbekannt bleibt, weil sein Ausmaß so unglaublich ist. Fast nirgendwo wird so viel gelogen wie in der Bildungs- und Schulpolitik«, meint Dietrich Schwanitz dazu.

In manchen Klassen wäre Unterricht nach Lehrplan überhaupt nicht mehr möglich. Aber die Fiktion muss unter allen Umständen aufrecht erhalten werden. Die Klas-

senbücher sind nicht selten ein euphemistisches Lügenge-
bäude. Hinter dem lehrplanmäßigen Eintrag »Die Ober-
rheinische Tiefebene« verbirgt sich oft eine mühsame
Viertelstunde Unterricht und ein lebhaftes Gespräch zwischen Türken und Kartoffeln[49] über die sexuelle Anmache
vor der Diskothek. Oder über »Graue Wölfe« und Demokratie, Kopftuch und die besseren türkischen Jungs, die
ihre Mädchen wenigstens noch körperlich schützen würden.

Klassenarbeiten zeigen einen katastrophalen Wissensstand. Warum? Zunächst nicht, weil die Kids zu blöd
wären, sondern weil in den Klassen nur schwer gelernt
werden kann. Weil Störungen und Blockaden, Aggressionen oder Verweigerung an der Tagesordnung sind. Und
weil Teile des Unterrichts auch dafür verwendet werden,
die drückendsten Probleme von Einzelnen oder der Klasse
aufzufangen. Der Gesamtschullehrer Günter Hussong berichtet aus dem Saarland, dass dort immer wieder Klassenarbeiten »zur Probe« geschrieben würden, damit überhaupt etwas Vernünftiges dabei herauskäme.

Lehrer sind gezwungen, im Unterricht immer wieder
vom Lehrplan wegzutauchen, um damit das grundsätzliche erzieherische Versagen der Gesellschaft und die Unfähigkeit eines Schulsystems zu kaschieren und den Jugendlichen zu helfen. Unser Schulsystem hat keine oder
die falschen Antworten auf die Fragen, Wünsche und (oft
schwer gestörten) Verhaltensweisen von Jugendlichen.

Was trägt z.B. ein Lehrer im Klassenbuch über eine
Stunde ein, in der er intensiv das Thema Mobbing einer
Mitschülerin aufgriff? Schauen wir im Klassenbuch nach:
Da steht einfach: »Klassengespräch über einen aktuellen
Konflikt«. Gut! Lobenswert! Ob er sich aber traut, das
immer zu schreiben, wenn so etwas stattgefunden hat?
(Und es findet immer öfter statt.) Vermutlich nicht. Eine

---

[49] In der Gettosprache: »die Deutschen«

knallharte Aufsichtsbehörde, meilenweit von der schulischen Praxis entfernt, würde ihm die Hölle heiß machen. Verständnisvolle Vorgesetzte drücken beide Augen zu. Der Lehrer aber wird wohl eher wieder schreiben: »Der kaukasische Kreidekreis« oder »Der Werkstoff Holz«.

10. SCHULPFLICHT FÜTTERT BILDUNGSBÜROKRATEN

10. **fatale Folge:** Wer ist überhaupt an der Abschaffung der Schulpflicht interessiert? Sind es die, die dazu am ehesten in der Lage wären – die Verwaltungsbeamten und die Politiker? Die Einführung von Freien Schulen auf Kosten des staatlichen Schulwesens würde den Ast absägen, auf dem diejenigen sitzen, die über den Erhalt des Astes befinden sollen: die Bildungsbürokraten. Also werden sie diesen Ast nicht absägen wollen und vorgeben, dies im pädagogischen Interesse zu tun. Wenn sich aber Bürokraten und Politiker nicht bewegen, dann bewegt sich gar nichts, solange nicht Druck erzeugt wird. Aber wer könnte an Druck Interesse haben? Eigentlich alle liberal und human eingestellten Bürger, die anerkennen, dass die Menschen als Subjekte ihrer eigenen Lernprozesse handeln können: vom Pfarrer, über den frustrierten Lehrer, Ex-Schüler und die Eltern hin bis zum weitsichtigen Bildungsplaner oder Wirtschaftskapitän.

10.1. Geliebter Status quo

Kaum einer will die Abschaffung der Schulpflicht, des geliebten Status quo! Bloß ein paar Radikale, wie die libertären Chicago-Boys um David Friedman[50] fordern dies ebenso wie die Freigabe von Drogen oder die Privatisierung der Knäste. Am liebsten vertrieben sie den

---

[50] Sohn des Nobelpreisträgers Milton Friedman (der die Bildungsgutscheine wollte)

Staat ganz aus der Wirtschaft. Doch das ist Amerika! Bei uns schweigt man stille, denn die wettbewerbsverhindernde Schulpflicht nährt die **Bildungsbürokraten** im staatlichen Verwaltungsapparat und hält für viele beamtete Schäfchen reiche Pfründe bereit. Verstärkt wird dies durch ein aufgeblähtes föderalistisches Bildungssystem, der ganze Stolz des echten Bayern, des eingeschworenen Niedersachsen und des Neu-Freistaatlers aus Sachsen.

Trotz aller Lehrpläne und KMK-Vereinbarungen ist es nicht gelungen, unser Schulsystem so zu gestalten, dass ein Kind beim Umzug von Flensburg nach Füssen kein Jahr verliert. Vielleicht, weil die KMK nach Aussage des Altbundeskanzlers Kohl »die reaktionärste Einrichtung der Bundesrepublik und im Vergleich dazu der Vatikan noch weltoffen« war. Wobei ich die Lösung des Problems der länderübergreifenden Schulwechsler nicht darin sehe, dass man die curriculare Stromlinienförmigkeit noch verschärft, sondern dass die Schulen so flexibel und individuell sind, damit angemessen (z.B. durch Brückenkurse) umgehen zu können.

Eine Mutter berichtete mir 1999 über den Schulwechsel ihrer Tochter Jana (12) von einer Internationalen Schule in einem englischsprachigen Entwicklungsland an eine Bremer Gesamtschule: »Ich kannte mich im deutschen Schulwesen nach langem Auslandsaufenthalt nicht mehr aus. Jana hatte bis zur 6. Klasse englischsprachigen Unterricht gehabt und war eine gute Schülerin. Natürlich waren ihre Deutschkenntnisse mangelhaft. Bei der Anmeldung auf der Gesamtschule hat man mir gesagt: «Jana muss die 6. Klasse wiederholen. – Wir entscheiden durch unsere Empfehlungen, wer auf das Gymnasium geht und wer auf die Realschule!» Aus Unwissenheit bin ich darauf eingegangen. Nachher stellte sich heraus, dass der Deutschförderunterricht (den sie ja wirklich benötigte) schon in der 5. Klasse aufgehört hatte. Während des Englischunterrichts, wo sie gut war, durfte sie sich nicht melden, da sie schon alles wusste.

Diese ganzen Umstände haben mich dann veranlasst, nach einer anderen Schule und Schulform zu suchen. Ich habe mich bei einem Gymnasium in privater Trägerschaft erkundigt und der Rektor willigte ein, Jana aufgrund ihrer sehr guten englischen Zeugnisse aufzunehmen. Der Schulwechsel erfolgte dann bereits nach einem Tag. Jana bekommt jetzt jeden Dienstag Nachmittag zwei Stunden Förderunterricht in Deutsch. Wir hätten an der Gesamtschule wirklich ein Jahr verloren. Jana fühlt sich in der jetzigen Klasse 7 sehr wohl und man merkt an dem ganzen Führungsstil doch den privaten Träger heraus.«

Der Gesamtschulleiter nach Gutsherrenart hatte übersehen, dass es neben seiner Staatsschule doch noch eine unbeugsame kleine Konkurrenz gab, ein privates Gymnasium. Fördern wir diese Konkurrenz also im Interesse von geistiger Vielfalt und pädagogischer Wahlmöglichkeit. Wenn mehr Schulen die Konkurrenz von pädagogisch wertvolleren Instituten spüren würden, dann müssten auch sie sich anstrengen. Statt aber Konkurrenz zuzulassen und Verantwortung in die Hände seiner Bürger zu delegieren, rafft der misstrauische und wachsame Beamtenapparat alle Aufgaben, die er nur kriegen kann, an sich, um seine eigene Existenzberechtigung unter Beweis zu stellen.

Auch der Kulturföderalismus bedeutet eine Unzahl von mehr oder weniger sinnlosen doppelten Aufgaben. Die Schulverwaltung bzw. die Kultusbürokratie ist ein gigantisch aufgeblasener Haufen von teilweise überflüssigen Stellen. In sechzehn Ländern wird nämlich nicht ein pluralistisches pädagogisches Angebot entwickelt, sondern es wird unendlich penibel und selbstverliebt sechzehn mal das mehr oder weniger gleiche gemacht, nämlich an Varianten des staatlichen Schulsystems gebastelt. Die Ergebnisse werden lautstark und stolz als »pädagogische Neuerung« verkauft.

Der Föderalismus hält in Wahrheit vornehmlich unter dem Deckmantel der »Kulturhoheit« ein Beamtenheer am Laufen, das eifersüchtig über die eigenen Privilegien und Machtpositionen wacht, ohne die Schule wirklich verbessern zu können und zu wollen. Bei so viel Eigennutz können wir in der Bildungsbürokratie als letztes wirkliches Reformbemühen erwarten.

Schulpflicht zwängt lebendiges Wissen und natürliche Lernfreude in manchmal merkwürdige Fachdisziplinen, die so oft nur allzu fern von den praktischen Erfahrungen der Kinder und Jugendlichen liegen. Fachübergreifende Themen, Theaterprojekte, Schulgärten oder Festveranstaltungen sind als erkämpfte Einzelveranstaltungen oft wenig geliebte Eintagsfliegen. Es fehlt der konzeptionelle Einbau in ein großes Ganzes. Die Globalisierung des Weltmarkts verlangt immer flexiblere Arbeitskräfte. Und unsere Schule reagiert so behäbig, dass sie diese nur teilweise produzieren kann. Es gibt jedoch »Bestrebungen«.

Sogar Baden-Württemberg forciert unter der neuen Kultusministerin Annette Schavan, einer wirklichen Fachfrau, die einstige Ungeheuerlichkeit des fachübergreifenden Unterrichts und andere pädagogisch sinnvolle Schritte. Unter ihrem fußballverliebten und lehrerfeindlichen Vorgänger Gerhard Mayer-Vorfelder wäre das alles ein Ding der Unmöglichkeit gewesen. Dieser Minister, der ein ganzes Bundesland mit seinem behäbigen WM-System in der pädagogischen Steinzeit angezurrt hatte, hat natürlich – zum Glück aber vergeblich – versucht, die privaten Waldorfschulen über den Geldhahn abzuwürgen.

Fächerübergreifender Unterricht (auch als »Lernfelder« bezeichnet und probeweise ja in einigen Berufsschulen schon durchgeführt) ist für viele Lehrer schwer vorstellbar. Sie denken lieber in ihren engen Fachdisziplinen.

Die einzelnen Fächer wie Chemie, Englisch oder Psychologie sind von Lehrern mit großer Anstrengung studiert worden, also sollen sie auch nicht vermischt werden. Selbst, wenn sich eine Vermischung aus der Interessenlage der Kinder und Jugendlichen positiv darstellen würde.

So hat Hans-Georg Gadamer sein ganzes Leben für den Vorrang des hermeneutischen Gesprächs zwischen Schüler und Lehrer gekämpft, bei dem beide Seiten lernen würden. »Man kann nur durch das Gespräch lernen!« hat er noch in einem öffentlichen Vortrag im Januar 2000[51] bekräftigt und gesagt: »Das wichtigste wäre, antworten zu können, wenn man gefragt wird und selber Fragen stellen zu können und Antworten entgegennehmen zu können!«

Dazu brauche ich in der Schule eine freie Gesprächsatmosphäre, die nicht durch Lehrpläne eingezwängt ist. Und ich brauche eine Ausbildung, die mir solche freien Gespräche erlaubt, seien es Problem- oder Konfliktgespräche. Für beides fehlt dem Lehrer weitgehend die Ausbildung. Schauen wir in Standardwerke der Didaktik und Methodik[52], entdecken wir das fragend-entwickelnde und das gelenkte Gespräch. Das freie Gespräch kommt nicht vor. Früher kam es vor und taucht auch heute in der Praxis auf, weil es Lehrer einfach wieder lebendig werden lassen. Früher wurde es »Morgenkreis« genannt und hatte seine Vorläufer im bürgerlichen Salon des 18. und 19. Jahrhunderts.

Das Gespräch gilt – so der genannte Hilbert Meyer – »als die mit Abstand schwierigste und anspruchsvollste Unterrichtsmethode« überhaupt. Hier müssten Lehrer also besser geschult werden. Würden die starren Lehrpläne fallen, würde sich auch ein natürlicherer Umgang mit

---

[51] der Vortrag wurde als Buch veröffentlicht, siehe Literaturverzeichnis
[52] z.B. Meyer, Hilbert: Unterrichts-Methoden, Band 1 u. 2, Scriptor-Verlag [6]1994 u. [7]1995

den Lehrinhalten ergeben. Diesbezüglich könnten die Lehrer bei den Erziehern lernen, die schon vor Jahren das situationsorientierte Lernen entdeckt haben. Oder bei privaten Altenpflegeschulen oder engagierten Grundschullehrern, die gemeinsam mit ihren Schülern frühstücken.

Solche freieren Formen des Unterrichts würden allerdings voraussetzen, dass Schüler ein Curriculumheft führten, in das zum Jahresende vom Lehrer die behandelten Inhalte sehr genau eingetragen werden müssten. Statt also 8 – 12 Noten aufs Papier zu werfen, wäre eine umfangreiche Dokumentation der behandelten Inhalte notwendig, und obendrein könnte hier eine verbale Leistungsbeurteilung erfolgen.

Vielleicht schlafen die Bildungspolitiker ihren Schlaf weiter, bis jemand klagt und die Richter den Verwaltungsbeamten und Pädagogen wieder einmal sagen, was pädagogisch richtig ist. So ärgerten wir uns in der Schule seit Jahren darüber, dass wir einem Schüler, der in seinem schriftlichen Prüfungsteil so schlecht abgeschnitten hatte, dass er die Prüfung nicht mehr bestehen konnte, davon nichts sagen durften. Wir mussten ihn also weiter in der praktischen oder mündlichen Prüfung antanzen lassen. Erst ein Vater, der auf Herausgabe der Prüfungsergebnisse in der schriftlichen Prüfung geklagt hatte, erhielt von einem pädagogisch denkenden Menschen (der zum Glück Richter war) Recht.

Haben wir in den Kultusministerien oder (Ober-) Schulämtern fachfremde Juristenmonster, Bildungsplaner oder unempathische Schulräte sitzen? Wie und was denken die Ober-Beamten? In den Schulämtern und Oberschulämtern, in den Ministerien und Seminaren sitzen genauso nette und unangenehme Menschen wie überall. Ich habe engagierte erlebt, die ehrlich um Verbesserung kämpften und persönliche Offenheit und Charme in die Beziehung einbrachten. Ich habe auch machtverliebte Paukertypen und Paragraphenreiter erlebt, denen jede

pädagogische Vision und zwischenmenschliches Finger-
spitzengefühl fehlte. Aber wohl die allermeisten waren
mehr an Medienzampanos, als an wirklichen Lehrerpersönlichkeiten interessiert. Mehr an Lehrplänen als an der
Subjekthaftigkeit des Lernens.

10.2. Wie kann man einen Elefanten bewegen?

Auf diese Frage fand ein afrikanisches Kind eine schlichte
Antwort. Es setzte dem Riesengrautier einfach ein Mäuslein in seinen Rüssel.

Immer wieder erscheinen kritische Broschüren[53] und
dickleibige Bände zum Thema Schule (einige wenige sind
hinten im Literaturverzeichnis genannt). Sehr oft fällt dabei auf, dass die Schule eher in die ferne Zukunft gedacht
wird. Die Reformer halten oft sehr umfassende Veränderungen bereit, die sich so sicher nicht umsetzen lassen. Es
scheint, als würden sie selber wissen, dass sich an der
Schule zurzeit sowieso nicht viel ändern lässt.

Unsere Bildungsbürokraten denken in der Regel in die
verkehrte Richtung, nämlich nur an die zentrale staatliche
Planung. Im Kern liegt das an ihrem negativen Men-
schenbild, ihrem geringen Vertrauen in die Selbstbestimmung des Menschen; und Angst gebiert Kontrolle! Selten
finden wir kreative Visionäre. Es ist wohl ihr eigener
Werdegang, der sie blockiert und ihre eigenen Erfahrungen im zentralistisch-etatistischen Schulwesen, von dem
aus und zu dem hin sie denken. Dabei finden sie natürlich
hochintelligente Lösungen, z.B. das Punktesystem bei der
Notengebung oder die Kurswahlmodalitäten im Sekund-

---

[53] z.B. von der «Aktion Humane Schule», Kontakt: siehe Literaturverzeichnis

arbereich II (so intelligent, das es eines eigenen Beratungs-
lehrers bedarf).

Warum machen wir es uns nicht einfacher? Beispielsweise, in dem per Gesetz die Möglichkeit geschaffen wird,
die Schulpflicht erst einmal auszusetzen? Das wäre ein
echtes Mäuslein im Rüssel! Die Maus würde heute konkret und morgen revolutionär – weil markt- und kunden-
orientiert – wirken. Leider fordern das Ende der Schulpflicht aber nur wenige⁵⁴. Meines Wissens als Einzige der
beamteten pädagogischen Lehrstuhlinhaber der Heidelberger Edmund H. Funke und sein Hamburger Kollege
Peter Struck. Funke direkt, Struck eher indirekt.

Aber wer soll all die gut gemeinten Ratschläge für die
Schulreform – wie beispielsweise die Abschaffung der
Schulpflicht – umsetzen? Können die Lehrer sich wie
Münchhausen am eigenen Zopf aus dem Sumpf ziehen?
Handeln sie da nicht wider ihre eigenen Interessen?

Unter dem Eindruck des kindlichen Mordkomplotts in
Metten blitzt ein silberner Rettungsstreifen am Horizont
auf; es wackelt sogar die Front der standhaften Bürokra-
tie-Soldaten. Monika Hohlmeier, die bajuwarische Kultusministerin, setzt laut SPIEGEL 49/99 »auf Härte und
will Terrorkids vorübergehend aus der Schule entfernen«.
Das heißt nicht mehr und nicht weniger, als dass Bayern
erwägt, in bestimmten Fällen ein Mäuslein zu starten und
die Schulpflicht auszusetzen. Damit ist sie zwar nicht abgeschafft, aber erheblich aufgeweicht. Ein begrüßenswer-
ter Schritt.

Auch ist die Wirtschaft im Prinzip eine Verbündete der
freien Schule. Hartmut von Hentig hat vollkommen zu
Recht schon vor Jahren behauptet, dass die Vorstellungen
der Wirtschaft von einer guten Schule progressiver seien,
als die der Bildungsbürokratie sowie vieler Lehrer und El-

---

⁵⁴ nicht einmal die schulkritische »Aktion Humane Schule« fordert das
offiziell

tern. Deshalb erleben wir heute besonders im Bereich des Berufsschulwesens, wo die Wirtschaft direkten Einfluss hat, interessante Neuerungen, wie z.B. die Aufgabe von Schulfächern zugunsten von Lernfeldern.

Auch die angespannte Finanzlage des Staates könnte den Trend zu privaten Schulen fördern helfen. Schon heute stehen nicht mehr genügend Lehrkräfte für einen ordentlichen Unterricht z.B. in der Grundschule zur Verfügung, und der dramatische Stundenausfall ist teilweise fest eingeplant. Und: Immer mehr Schulen lassen sich sponsorn! Falls sich die Finanzsituation des Staates noch weiter verschärft, wird daraus ein starker Motor der Privatisierung und Schulreform entstehen.

Die Diskussion um die Schulpflicht kommt mit den politischen Stellen und Verwaltungseliten nur deshalb so schwer voran, weil mit der Idee vom Aufgeben der Schulpflicht die Angst einhergeht, dass damit der Damm zur Freien Schule brechen könnte. Und tatsächlich: diese Sorge ist auch begründet! Freie Schulen brauchen zumindest nicht mehr diese Bildungsbürokratie. Sie werden andere Personen (z.B. jüngere, Bildungsmanager) einstellen. Die Vergreisung der Bildungsbürokratie ist dabei eine günstige Gelegenheit, um Schule radikal zu verändern und – sozial verträglich – die Zahl der Bildungsbürokraten in Ministerien und (Ober-)Schulämtern runterzufahren. Die mobileren unter ihnen würden sicher auch für freie Träger als hoch qualifizierte Arbeitskräfte[55] interessant sein.

Voraussetzung für einen Minimalkonsens, der von dem Wunsch nach Individualisierung und Demokratisierung getragen wird, ist ein vollständiges Umdenken, ein großer **Paradigmenwechsel**. Wir müssen wegkommen von der fest verankerten Einstellung, dass wir Schülern in der Schule etwas aufzwingen müssen, und hin zu der Über-

---

[55] evtl. noch unter Beibehaltung des Beamtenstatus

zeugung dass Schule und Ausbildung etwas Wertvolles haben, das es sich lohnt zu erwerben. Wer an Bildung teilnimmt, erwirbt ganz reale Vorteile.

Wir haben bisher das quasi natürliche Verhältnis umgekehrt: Wer nicht lernen will, wird z.B. durch Polizeivorführung oder schlechte Noten bestraft, anstelle: **Wer lernen will, wird belohnt!** Heute helfen Lehrer nicht den Schülern, an sie gestellte Forderungen zu bewältigen (wofür Schüler Lehrern meist dankbar sind!), sondern Pauker stellen gemeine Aufgaben und schreiben hinterlistige Klassenarbeiten, die sie mit fiesen Noten bewerten (und dafür ist kein Schüler einem Lehrer dankbar!).

Die Teilnahme an Bildung bzw. Schule sollte z.B. durch die Zuteilung von Kindergeld an die Eltern »belohnt« werden. Ohne Bildung keine Knete! Oder der erfolgreiche Abschluss der Sekundarstufe I (Haupt und Realschulabschluss) wird mit Anspruch auf ein Jugendarbeitslosengeld aus Nürnberg honoriert.

Bestraft sollte m. M. nach ebenfalls werden, und zwar Arbeitgeber oder Eltern bzw. Privatpersonen, die Kinder unter 15 Jahren zu welcher Arbeit auch immer anstellen oder im eigenen Geschäft arbeiten lassen. Sie werden mit empfindlichen Geldstrafen belegt. Über Ausnahmen bei der Kinderarbeit wacht und entscheidet wie bisher das Jugendamt, z.B. für Filmaufnahmen von Kindern.

Wir müssen also von der Schulpflicht zum **Bildungsangebot** kommen! Statt Pflichten einzuklagen, macht Schule jedem Kind ein Bildungsangebot. Jedes Kind hat einen Bildungsanspruch! Das setzt einen Paradigmenwechsel voraus. Prüfen Sie selbst bei sich, welches Paradigma in Ihrem Kopf rumspukt und wie Sie unsere Schule sehen. Als unvermeidbare Zwangsanstalt oder spannender Markt der Möglichkeiten? Bei den meisten von Ihnen tippe ich auf ersteres. Die andere Möglichkeit sei »Spinnerei«. Stimmt's? Damit Schule aber so ein spannender Markt der Möglichkeiten wird, sind zunächst ein paar wichtige Schritte und ein Bündel von Maßnahmen notwendig.

Die Frage nach dem dreigliedrigen Schulsystem oder der Gesamtschule will ich hier, wie gesagt, nicht diskutieren. Als Nebenwiderspruch soll sie dem Markt überlassen bleiben. Es wird sich zeigen, welches System sich durchsetzen wird. Vermutlich bleiben beide Systeme nebeneinander bestehen. Hartmut von Hentig, Reformpädagoge, schreibt: »Sichbilden – das alles erlaubt nicht nur eine geistvollere und lebendigere Bildungsschule, den Verzicht auf Sortierung und Auslese, auf einheitliche Lehrpläne und pervertierende Benotung, es fordert eine ganz andere Gliederung des gesamten Pflichtschultraktes unseres Bildungswesens.« Um zu so einem System gelangen zu können, bedarf es eines runden Tisches. Was wir für die Nord-Iren und andere Streithammel billig finden, sollte uns selbst auch recht sein.

Wir brauchen eine neue Reichsschulkonferenz, wie 1920, oder einen neuen »Deutschen Bildungsrat«. Wenn sich auch Kindergärten, Universitäten und sonstige Hochschulen für ein gemeinsam zu planendes Bildungssystem entschließen könnten, zusammenzuarbeiten, dann wäre statt einer Bundesschulkonferenz eine **Bundesbildungskonferenz** (BBK) einzuberufen, die das gesamte Bildungssystem neu zu planen und zu ordnen hätte. Mit der Einberufung könnte nach Meinung des Direktors des »Deutschen Jugendinstituts« in München, Ingo Richter, der Bundespräsident betraut werden. Aber auch das Bundesbildungsministerium könnte endlich – in Überwindung des föderalen Chaos – die »Meinungsführerschaft« im Bildungsbereich zurückgewinnen. Dazu bedarf es weder einer Gesetzesänderung noch zusätzlicher Forschung oder Geldmittel.

Die BBK könnte in zahlreichen Fachausschüssen arbeiten, wodurch statt 16 Diskussionsforen jeweils nur eines vonnöten wäre. In diesen Ausschüssen würden Lösungen für Probleme bestimmter Institutionen oder Projekte erarbeitet, z.B. würde ein Fachausschuss für Allgemeinbildung (FAA) einen Allgemeinbildungskatalog erstellen. Ein Allgemeinbildungskatalog würde verhindern, dass massenhaft Menschen ohne ausreichende Grundbildung ins Arbeitsleben entlassen werden. Oder es müssten Fachausschüsse für Berufsbildung, Hochschulbildung oder Rechtschreibung eingerichtet werden.

Hier könnte das Stiefmütterchen Bildungsministerium endlich seine schönste Aufgabe finden. Diese Leitfunktion in einer pluralistischen Bildungslandschaft ist wesentlich, denn »durch eine Autonomisierung der Bildungsinstitutionen können die derzeitigen Probleme des Bildungswesens nur gelöst werden, wenn es gleichzeitig eine Form zentraler Steuerung gibt«, sagt Ingo Richter. Ohne Leitlinien – allerdings demokratisch legitimierte und nicht obrigkeitsstaatlich verordnete – wie z.B. einen Allgemeinbildungskatalog würde unser Bildungssystem rasch der Gorgonenschwester Beliebigkeit zum Opfer fallen.

Damit würde die Kulturhoheit der Länder nicht beseitigt, sondern weiterentwickelt und gesteuert. Instrumente der bundeseinheitlichen Steuerung hat es seit Gründung der Bundesrepublik übrigens immer wieder gegeben: am meisten ist vielleicht der »Deutsche Bildungsrat« (1965 – 1975) mit seinem »Strukturplan für das deutsche Bildungswesen« (1972) bekannt geworden. Wir brauchen heute eine **Bundesbildungskonferenz!** Diese müsste natürlich mit einer Entscheidungskompetenz ausgestattet werden, an die sich alle Kultusministerien von vornherein selbstverpflichtend binden müssten. Alle nicht langfristig angelegten Strategien versacken als Strohfeuer in Lethargie und Unverbindlichkeit. Der Bildungspolitik mangelt es derzeit nicht unbedingt an Ideen oder Plänen, sondern am eindeutigen Willen, pädagogische Visionen in politisches Handeln umzusetzen. Der Bildung fehlt die Politik! Oder den Politikern die Bildung?!

Trotz solcher verschiedentlich vorgeschlagenen Beratergremien oder »Strukturpläne« werden die Länder ihre kulturspezifische Ausprägung der Schule immer noch finden können, entweder über die Staatsschulen oder über stark länderspezifisch geprägte freie oder private Träger. Warum sollte das Land Bayern als Schulträger nicht selbst ein Jodelinternat (natürlich mit Jodeldiplom!) unterhalten?! Oder ein Sportinternat für Wintersportler samt einiger Sozialplätze für irregeleitete Nordlichter?!

Die Bundesbildungskonferenz, die wir brauchen, müsste also mit Hilfe aller gesellschaftlichen Gruppen (inklusive der Bildungsbürokratie, der Wissenschaft und der Lehrer) in einem ca. zwei- bis dreijährigen Prozess unser Schulsystem als Bildungssystem für die globalisierte Zukunft fit machen. Massiver Widerstand wird von der Bildungsbürokratie zu erwarten sein, deren wahre Motive (nämlich der eigene Machterhalt) sich hinter wohltönenden föderalistischen, fiskalischen und »pädagogischen« Behauptungen verstecken. Mit besonderer Vehemenz wird sich die Bildungsbürokratie gegen die Abschaffung der Schulpflicht wenden, weil sie um die Sprengkraft weiß, die dieser angestoßene Dominostein – einmal in Fall gekommen – entwickeln wird.

EPILOG: »STELL DIR VOR, KEINER MÜSSTE ZUR SCHULE UND JEDER GINGE HIN!«

In groben Zügen wird jetzt ein denkbares Schulmodell für eine Schüler-Schule vorgestellt, das nicht vordringlich – wie die Gesamtschule – an der Veränderung der Struktur ansetzt, sondern an der inneren Reform oder der Schulkultur, deren erster Schritt die Abschaffung der Schulpflicht ist. Bei der konkreten Utopie einer anderen Schule sollten wir keine Tabus, aber das pädagogische Handwerk kennen.

Schulsystem

- Die **Schulstruktur** sollte sich an europäischen Entwicklungen orientieren.
- Bildungsplanung sollte auf ein **wettbewerbsgesteuertes Bildungssystem** ausgerichtet sein. Dazu bedarf es geeigneter Ziele, Konzepte und Evaluationen, also einer echten **Curriculumentwicklung.**
- Ein **dreigliedriges** Schulsystem ist nicht mehr zeitgemäß und im Grunde überholt. Wir brauchen mittelfristig ein zweizügiges Schulsystem mit 6-jährigem Primarbereich (mit Fremdsprachenunterricht ab dem 1. Schuljahr), darauf aufbauend erfolgt der Besuch entweder des 6-jährigen Gymnasiums (Sek. I und II) oder des 4-jährigen Sekundarbereichs I (ehemals Haupt- und Realschule) sowie anschließender Berufsausbildung. Schulen können als Gesamtschulen geführt werden. So unterteilt sich unser Bildungssystem in drei Abschnitte à sechs Jahre; wir haben also ein **6-6-6-Bildungssystem.**

Aufgaben des Staates

- Der Staat nimmt – wie bereits jetzt – seine grundgesetzlich verankerte **staatliche Schulaufsicht** wahr, allerdings jetzt gemeinsam mit dem Trägerverband privater und freier Schulen. Er lässt grundsätzlich private Träger von Ersatzschulen zu.
- Der Staat sollte im Sinne einer pluralistischen **Private-Public-Partnership** (PPP) seinen Anteil am Betrieb von Schulen festlegen, z.b. nicht mehr als 50%.
- Der Staat garantiert qua Kultusministerkonferenz (KMK) jedem qualifizierten Träger nach Maßgaben, an denen alle Träger beteiligt sind, die gleiche und volle **finanzielle Unterstützung.**
- Die konkrete **Schulaufsicht** (die bisherigen Schulräte) kann auf geeignete Körperschaften delegiert werden, z.b. kann dies ähnlich wie in den USA oder Dänemark bei staatlichen Schulen die Gemeinde (bzw. der Schulvorstand eines Schulbezirks) und bei freien Trägern eine übergreifende Behörde oder auch die Gemeinde wahrnehmen. Natürlich könnten Staatsschulen auch ihre bisherigen Behörden beibehalten.
- Mit einem bundeseinheitlichen minimalen **Allgemeinbildungskatalog** wird einerseits – demokratisch legitimiert – »geführt«, andererseits aber ein pluralistischer Spielraum der Umsetzung gelassen.

Schulträger

- **Träger** der Schulen können sein
  - **öffentliche** (Gemeinde, Kreis, Land),
  - **freie** (Schulvereine, gemeinnützige Vereine wie die christl. Kirchen oder Waldorfschulen, Universitäten)
  - **private** (Einzelpersonen, Handel und Industrie)

- Ein **Trägerkonzept** regelt alle Formalia wie Schulgeld, Lehrmethodik, Fächer, Klassenstärken, Noten, Prüfungen, Zeugnisarten, Lehrerdeputate oder den Arbeitsort der Lehrer.
- Die Träger müssen berechtigt sein, in geringem Umfang **Schulgeld** von den Eltern zu erheben, um z.B. den besonderen Anforderungen der Spezialrichtung gerecht zu werden. Bei der Höhe des Schulgelds hat der Staat ein Mitspracherecht, weil er die Schulen grundsätzlich finanziert. Dadurch wird grundgesetzlich garantiert, dass keine Schulen für eine finanzielle Elite entstehen.

Schulen

- Jede Schule verwaltet ihr Budget selbst (**Haushaltshoheit**). Die Finanzströme in die einzelnen Schulen könnten auch anders als nach Schulart gelenkt werden, z.B. erhalten Schulen in sozialen Brennpunkten mehr Geld.
- Jede Schule sollte ihre eigene **Personalhoheit** erlangen, d.h. sie stellt in Kooperation von Schulleitung, Eltern und Lehrern (evtl. auch Abschlussschülern) die neuen Lehrer im Angestelltenverhältnis selbst ein und entlässt sie auch. Der **Beamtenstatus** ist oder bleibt auch an staatlichen Schulen abgeschafft.
- Die Schulen oder Träger legen fest, ob und welche (zentralen) **Lehrpläne** zur Anwendung kommen sollen. Inhalt der Lehrpläne muss auch die Sicherung und Umsetzung eines Allgemeinbildungskatalogs sein.
- Jeder Schüler führt ein **Curriculumheft**, d.h. jeder Träger legt fest, welche Lehrinhalte außer dem Allgemeinbildungskatalog noch zu vermitteln und welche gelehrt worden sind. Bei Klassen- oder Schulwechsel wäre zu erkennen, über welchen Bildungsstand der einzelne Schüler verfügt.

- Die **Bezirksschulkonferenz,** in der alle Träger und die Schulaufsicht zusammensitzen, koordiniert Formalia wie Ferien, spezielle Unterrichtsangebote, evtl. Absprachen über die Notenvergabe.
- Jede Schule kann die Beschulung eines Kindes **verweigern,** was die Einstellung der Auszahlung des Kindergelds nach sich zieht.

Schulpflicht

- Die **Schulpflicht ist modifiziert abgeschafft.** Grundsätzlich besteht stattdessen in Deutschland 9 Schuljahre lang oder bis zum Erreichen des 15. Lebensjahres ein **Bildungsangebot.** Die **Berufsschulpflicht** wird ersatzlos zugunsten eines **Bildungsangebots** an den jungen Bürger gestrichen. Niemand muss beschult werden, der nicht die entsprechenden Voraussetzungen dafür mitbringt. Niemand kann abgelehnt werden, der die entsprechenden Voraussetzungen dafür mitbringt.
- In Deutschland besteht wie in den meisten europäischen Staaten eine **Bildungspflicht.** Diese wird jedoch ebenfalls nicht per Zwangsmaßnahme durchgesetzt, sondern im Verständnis als Bildungsangebot durch **Kindergeld** belohnt. Eltern, die für ihr Kind in einer bestimmten Schule keine Chancen sehen, können jeder andere Schule frei wählen oder die Bildung ihrer Kinder **selbst organisieren.** Im Falle der Option für die Bildungspflicht (z.B. zu Hause durch die Eltern selbst) müssen die Kinder ihre Lernfortschritte durch eine Jahresabschlussprüfung an einer Schule ihrer Wahl nachweisen.
- Eltern, die gegen den Willen ihrer Kinder deren Schulbesuch verweigern und keine Bildungsmaßnahmen ergreifen, können durch das Jugendamt bzw. das Familiengericht in ihren grundgesetzlich garantierten **Erzie-**

hungsrechten, z.B. durch die **Heimeinweisung** eines Kindes, **eingeschränkt** werden, weil das Kind zu verwahrlosen droht.

Außerschulische Bildung

- Für Problemkinder und Dauerschwänzer im Grundschul- und Sekundarbereich I, also der Haupt-, Gesamt- und Realschule, steht neben der Schule das System der selbständigen **Schulsozialpädagogik** bereit, das auch Funktionen übernimmt, die bisher in die Sonderschulen ausgelagert wurden. Kein Kind wird mit der Polizei oder mit Ordnungsgeld zum Schulbesuch gezwungen. Der Besuch von sozialpädagogischen Maßnahmen bedeutet eventuell nicht die Zahlung des vollen Kindergelds, sondern lediglich eines reduzierten Teils.
- Nur Schüler, die einen Ausbildungsberuf erlernen, dürfen die **Berufsschule** besuchen. Sämtliche andere **berufsvorbereitende** Maßnahmen fallen – wie im KJHG speziell benannt – in den Zuständigkeitsbereich der **Schulsozialpädagogik.**

Abschlüsse, Noten und Lehrerausbildung

- Die Abschlussqualifikation kann, aber muss nicht in **Noten** ausgedrückt werden, jede Schule bzw. jeder Träger entscheidet, welche Form des Abschlusses der Schüler ausgehändigt bekommt.
- Alle **Abschlussprüfungen** sind abgeschafft. Jede Schule bzw. jeder Träger legt selbst fest, wie die Leistung feststellt wird (z.B. Summe der Klassenarbeiten, praktische Arbeiten usw.).

- Auch das **Abitur** umfasst keine Abschlussprüfung mehr, sondern vermittelt die Fähigkeit, sich nach 12 Jahren Schule (davon 6 Jahren Gymnasium) für eine Vorbereitungszeit an der Universität, einem sog. **Präp-Block,** bewerben zu können. Es gibt wie in vielen europäischen Ländern (z.b. Spanien) lediglich ein dezentrales **Abschlusszeugnis.**
- Es gibt in der Schule keine Abschlussprüfungen mehr, sondern nur noch **Eingangsprüfungen** in den weiterführenden Institutionen.
- Ein Teil der ehemaligen 13. Klasse des Gymnasiums wird von der Hochschule als **Präp-Block** (z.B. ein Semester) selbst veranstaltet, kann aber auch in enger Kooperation mit einer Hochschule an einer Schule (Gymnasium oder Gesamtschule) durchgeführt werden. Die Leistungen des Präp-Blockes werden von der Universität in geeigneter Weise für die Aufnahme herangezogen.
- Die aufnehmenden Hochschulen nehmen nur per **Eingangsprüfung** auf, ggf. nach einem Präp-Block. Die Hochschulen entscheiden selbst, wen sie aufgrund welcher Qualifikationen aufnehmen möchten.
- Bei der Aufnahme achten die Hochschulen und Ausbildungsstätten auch auf **soziale Leistungen** aus dem bisherigen Schul-, Vereins- und Privatleben (Sozialpunkte). Universitäten können auch eine berufliche **Kurzausbildung** verlangen, z.B. könnten die medizinischen Fakultäten von jedem zukünftigen Arzt erwarten, dass er zunächst einmal den Beruf des Kranken- oder Altenpflegehelfers erlernt.
- Die **Lehrerausbildung** muss für die skizzierte Aufgabe gründlich reformiert werden. Dabei müssen Lehrer primär nicht fit gemacht werden für die Fähigkeit zu lehren, die Didaktik, sondern für die umfassendere und schwierigere Aufgabe der Mathetik, nämlich die Lebensumwelt der Schule so zu gestalten, dass

Schülern selbstbestimmte Lernprozesse ermöglicht werden.

Ich kann meine Gedanken zur radikalen Reform einer Schule, die Bildung verhindert, hier nicht detailliert fortführen. Trotzdem hoffe ich, dass mein Anliegen klar geworden ist: Ich wünsche mir konkrete Schritte in Richtung einer kindorientierten Schüler-Schule. Und da ist der erste Schritt, der getan werden muss:

Schafft endlich die Schulpflicht ab!

LITERATUR

Ich nenne hier nur eine kleine Auswahl neuerer Bücher, die in vielen Fragen der Schul- und Bildungsreform weiterführen können:

Cierpka, Manfred: **Kinder und Gewalt**. Trainingsprogramme. Hogrefe, 1998

Funke, Edmund und Thomas Rihm (Hrsg.): **Subjekt sein in der Schule?** Klinkhardt, 2000

Gadamer, Hans-Georg: **Erziehung ist sich erziehen.** Kurpfälzischer Verlag, 2000

Hentig, Hartmut von: **Die Schule neu denken.** Hanser, 1994

Nieslony, Frank. **Schulsozialarbeit in den Niederlanden.** Leske & Budrich, 1997

Richter, Ingo: **Die sieben Todsünden der Bildungspolitik.** Hanser, 1998

Schavan, Annette: **Schule der Zukunft.** Herder, 1998

Schwanitz, Dietrich: **Bildung.** Alles, was man wissen muß. Eichborn, 1999

Struck, Peter und Ingo Würtl: **Vom Pauker zum Coach.** Hanser, 1999

Voß, Reinhard: **Die Schule neu erfinden.** Luchterhand, 1996

Wallrabenstein, Wulf (Hrsg.): **Gute Schule – schlechte Schule.** Rowohlt, 1999

Weidner, Jens u.a.: **Gewalt im Griff.** Neue Formen des Anti-Aggressivitäts-Trainings. Beltz, 1997

Kontakt zur »Aktion Humane Schule« oder dem 1. Vorsitzenden Prof. Dr. Wulf Wallrabenstein über:
detlef.traebert@t-online.de
oder Fon: 0221/97432-97; Fax: -98

REGISTER